STUDIAMO IL COREANO :
Libro di esercizi completo per grammatica, ortografia, vocabolario e comprensione della lettura con oltre 600 domande

ISBN 979-11-93438-07-7

FANDOM MEDIA

Copyright © 2023 FANDOM MEDIA
Tutti i diritti riservati. Nessuna parte di questa pubblicazione può essere riprodotta, distribuita o trasmessa in alcun modo o con mezzi, incluse fotocopie, registrazioni o altri metodi elettronici o meccanici, senza il previo permesso scritto dell'editore, tranne nel caso di brevi citazioni inserite in recensioni critiche e certi altri utilizzi non commerciali consentiti dalla legge sul copyright.

marketing@newampersand.com

www.newampersand.com
14 13 12 11 10 / 10 9 8 7 6 5 4 3 2 1

Indice

ALFABETI COREANI - HANGUL (한글)...............3
  Esercizi...............9
  Risposte...............15

SOGGETTO / OGGETTO / PARTICELLE (주어 / 목적어 / 조사)...............12
  Domande a risposta breve...............18
  Scelta multipla 1-100...............22
  Risposte...............33

PREDICATO (서술어)...............34
  Domande a risposta breve...............35
  Scelta multipla 101-180...............39
  Risposte...............46

TIPI DI FRASI (문장의 종류)...............47
  Domande a risposta breve...............48
  Scelta multipla 181 – 230...............50
  Risposte...............55

ONOMATOPEA (의성어 / 의태어)...............56
  Domande a risposta breve...............57
  Scelta multipla 231-270...............60 ORTOGRAFIA
  Risposte...............65

AGGETTIVI (형용사)...............66
  Domande a risposta breve...............67
  Scelta multipla 271-320...............70
  Risposte...............77

ONORIFICI (높임말 / 존대말)...............78
  Domande a risposta breve...............82
  Scelta multipla 321-400...............83
  Risposte...............88

PASSATO / PRESENTE / FUTURO (시간의 표현)...............89
  Domande a risposta breve...............91
  Scelta multipla 371-400...............93
  Risposte...............97

VOCABOLARIO (단어공부)...............98
  Risposte...............102

ORTOGRAFIA (철자법)
  Scelta multipla 401-500...............104
  Risposte...............113

COMPRENSIONE DELLA LETTURA (독해)
  Scelta multipla 501-600...............114

ALFABETI COREANI - HANGUL
한글

file MP3 per conoscere la pronuncia accurata da **newampersand.com/studiamo**

PLAY

AUDIO #1

	Nome	Pronuncia iniziale/finale	Approssimazione in inglese	Esempio in coreano
ㄱ	기역 gi-yŏk	g / k	good	가수 gasu
ㄲ	쌍기역 ssang gi-yŏk	kk / k	skin	꿈 kkum
ㄴ	니은 ni-ŭn	n / n	nano	노루 noru
ㄷ	디귿 di-gŭt	d / t	dog	다리 dari
ㄸ	쌍디귿 ssang di-gŭt	dd	stall	땀 ddam
ㄹ	리을 ri-ŭl	r / l	roman	라면 ramyŏn
ㅁ	미음 mi-ŭm	m / m	man	마법 mabŏp
ㅂ	비읍 bi-ŭp	b / p	bean	보배 bobae
ㅃ	쌍비읍 ssang bi-ŭp	bb	spit	빨리 bbali
ㅅ	시옷 si-ot	s / t	sing	소리 sori
ㅆ	쌍시옷 ssang si-ot	ss	see	싸움 ssaum
ㅇ	이응 i-ŭng	silent / ng	**vowel sound**	아기 agi
ㅈ	지읒 ji-ŭt	j / t	jam	자유 jayu
ㅉ	쌍지읒 ssang ji-ŭt	jj	hats	짬뽕 jjamppong
ㅊ	치읓 chi-ŭt	ch / t	change	최고 choego
ㅋ	키읔 ki-ŭk	k / k	king	커피 kŏpi
ㅌ	티읕 ti-ŭt	t / t	time	타자 taja
ㅍ	피읖 pi-ŭp	p / p	prize	피로 piro
ㅎ	히읗 hi-ŭt	h / t	home	해변 haebyŏn

Vi state chiedendo cosa significa "**pronuncia iniziale/finale**"? Non preoccupatevi! Non è così difficile come può sembrare. Le impareremo dopo aver studiato le vocali.

AUDIO #2

	Pronuncia iniziale/finale	Approssimazione in inglese	Esempio in coreano
ㅏ	a	grandpa	자두 jadu
ㅑ	ya	see-ya	야구 yagu
ㅓ	ŏ	up	접시 jŏpsi
ㅕ	yŏ	young	명화 myŏnghwa
ㅗ	o	go	고무 gomu
ㅛ	yo	yogurt	교사 gyosa
ㅜ	u	root	우주 uju
ㅠ	yu	you	소유 soyu
ㅡ	ŭ	good	그림 gŭrim
ㅣ	i	hit	소리 sori
ㅔ	e	energy	세기 segi
ㅐ	ae	tablet	대박 daebak
ㅒ	yae	yes	얘기 yaegi
ㅖ	ye	yes	예복 yebok
ㅙ	oae	where	안돼 andwae
ㅞ	ue	quest	훼손 hweson
ㅚ	oe	wet	최고 choego
Mentre ㅚ è ㅗ + ㅣ, quindi "oi" sembra corretto secondo le regole, in realtà si pronuncia come "oe" e non è considerata una "doppia vocale".			
ㅘ	wa	what	과일 gwail
ㅟ	wi	wisconsin	귀 gwi
ㅢ	ŭi	we	의자 ŭija
ㅝ	wŏ	wonder	권투 gwontu

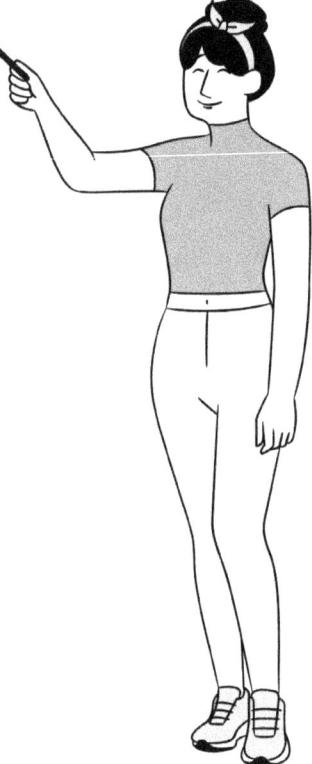

Ascoltate attentamente e ripetete per esercitarvi prima sulle consonanti.

Quelle in grigio sono chiamate "**dittonghi**", o vocali complesse/doppie. Sono composte da due vocali per creare un unico suono.

Tenete presente che non esistono lettere inglesi/romane che descrivono perfettamente i suoni, ma se continuiamo ad ascoltare i file audio e a fare pratica, inizierete a sentire le differenze!

dittonghi (vocali complesse/doppie)

ㅗ + ㅐ = 왜
[o]   [e]   [wae]

Gli alfabeti coreani (hangul) 한글 vengono poi messi insieme per crOrecchioe un blocco di sillabe, composto da una consonante iniziale, una vocale media/finale e una consonante finale opzionale, nota come **batchim** 받침. Per crOrecchioe un blocco di sillabe, sono necessarie almeno una consonante e una vocale. Vediamo l'esempio seguente.

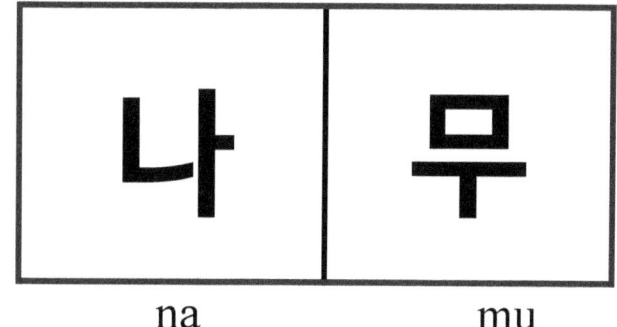

Ecco un esempio.

나무 (na mu), che significa "albero". Osserviamo come è strutturata la parola.

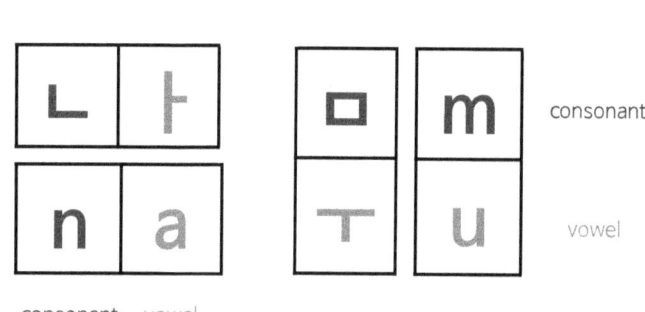

Come potete vedere, un blocco di sillabe è composto da una consonante e da una vocale. A questo punto, avrete notato che la posizione di una vocale è diversa nelle due sillabe.

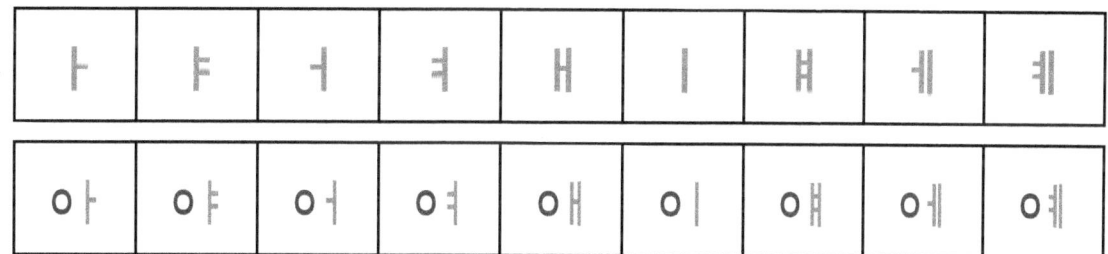

Le 9 vocali qui sopra sono posizionate a destra di una consonante.
Quando una vocale viene pronunciata da sola, ㅇ, che è muta, viene sempre posizionata come segnaposto.

ㅗ	ㅛ	ㅜ	ㅠ	ㅡ	ㅚ	ㅟ	ㅢ	ㅘ	ㅝ	ㅙ	ㅞ
오	요	우	유	으	외	위	의	와	워	왜	웨

Le 12 vocali qui sopra sono posizionate sotto una consonante. Per ora, cercate di memorizzarle.

Come promesso, parliamo delle consonanti finali, o batchim. In parole povere, sono l'ultima consonante di una parola che termina con una consonante. Per esempio, la parola "buono" ha come consonante finale una "d", mentre la parola "coreano" come una consonante finale una "n".. La parola "lingua", invece, non ha una consonante finale perché termina con una vocale. Il coreano è uguale. Guardate l'esempio seguente per capire meglio.

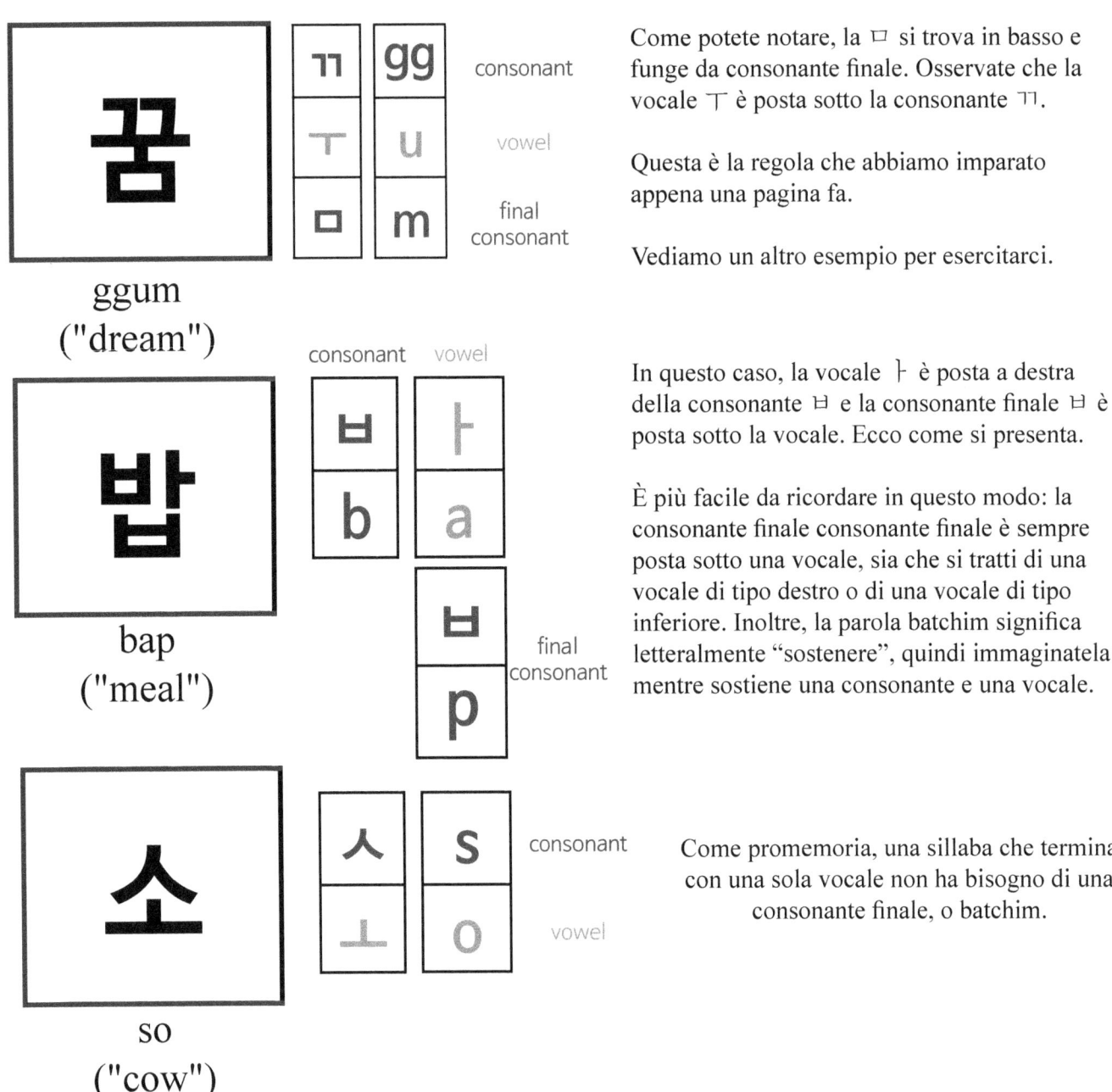

Come potete notare, la ㅁ si trova in basso e funge da consonante finale. Osservate che la vocale ㅜ è posta sotto la consonante ㄲ.

Questa è la regola che abbiamo imparato appena una pagina fa.

Vediamo un altro esempio per esercitarci.

In questo caso, la vocale ㅏ è posta a destra della consonante ㅂ e la consonante finale ㅂ è posta sotto la vocale. Ecco come si presenta.

È più facile da ricordare in questo modo: la consonante finale consonante finale è sempre posta sotto una vocale, sia che si tratti di una vocale di tipo destro o di una vocale di tipo inferiore. Inoltre, la parola batchim significa letteralmente "sostenere", quindi immaginatela mentre sostiene una consonante e una vocale.

Come promemoria, una sillaba che termina con una sola vocale non ha bisogno di una consonante finale, o batchim.

A questo punto, vi chiederete perché la stessa consonante ㅂ viene rappresentata con alfabeti diversi (b e p). Ricordate la tabella degli alfabeti? Vi abbiamo detto che le consonanti possono essere usate come consonante finale/batchim, e che si pronunciano in modo diverso quando lo fanno.

Esercitiamoci a scrivere gli alfabeti coreani!

CONSONANTI (자음)

ㄱ	[g]	gi-yŏk	ㄱ	ㄱ	ㄱ				
ㄴ	[n]	ni-ŭn	ㄴ	ㄴ	ㄴ				
ㄷ	[d]	di-gŭt	ㄷ	ㄷ	ㄷ				
ㄹ	[l,r]	ri-ŭl	ㄹ	ㄹ	ㄹ				
ㅁ	[m]	mi-ŭm	ㅁ	ㅁ	ㅁ				
ㅂ	[b]	bi-ŭp	ㅂ	ㅂ	ㅂ				
ㅅ	[s]	si-ot	ㅅ	ㅅ	ㅅ				

ㅇ	silent	i-ŭng	ㅇ	ㅇ	ㅇ				
ㅈ	[j]	ji-ŭt	ㅈ	ㅈ	ㅈ				
ㅊ	[ch]	chi-ŭt	ㅊ	ㅊ	ㅊ				
ㅋ	[k]	ki-ŭk	ㅋ	ㅋ	ㅋ				
ㅌ	[t]	ti-ŭt	ㅌ	ㅌ	ㅌ				
ㅍ	[p]	pi-ŭp	ㅍ	ㅍ	ㅍ				
ㅎ	[h]	hi-ŭt	ㅎ	ㅎ	ㅎ				

VOCALI (모음)

ㅏ	[a]	ㅏ						
ㅑ	[ya]	ㅑ						
ㅓ	[ŏ]	ㅓ						
ㅕ	[yŏ]	ㅕ						
ㅗ	[o]	ㅗ						
ㅛ	[yo]	ㅛ						
ㅜ	[u]	ㅜ						
ㅠ	[yu]	ㅠ						
ㅡ	[ŭ]	ㅡ						
ㅣ	[i]	ㅣ						

I seguenti numeri non sono nell'ordine corretto.

Scrivete i numeri corrispondenti nell'ordine alfabetico corretto.

7 - 1 - 14 - 3 - 2 - 11 - 5 - 8 - 6 - 4 - 10 - 12 - 13 - 9

Che suono dovrebbero avere?

Scrivete la pronuncia corretta.

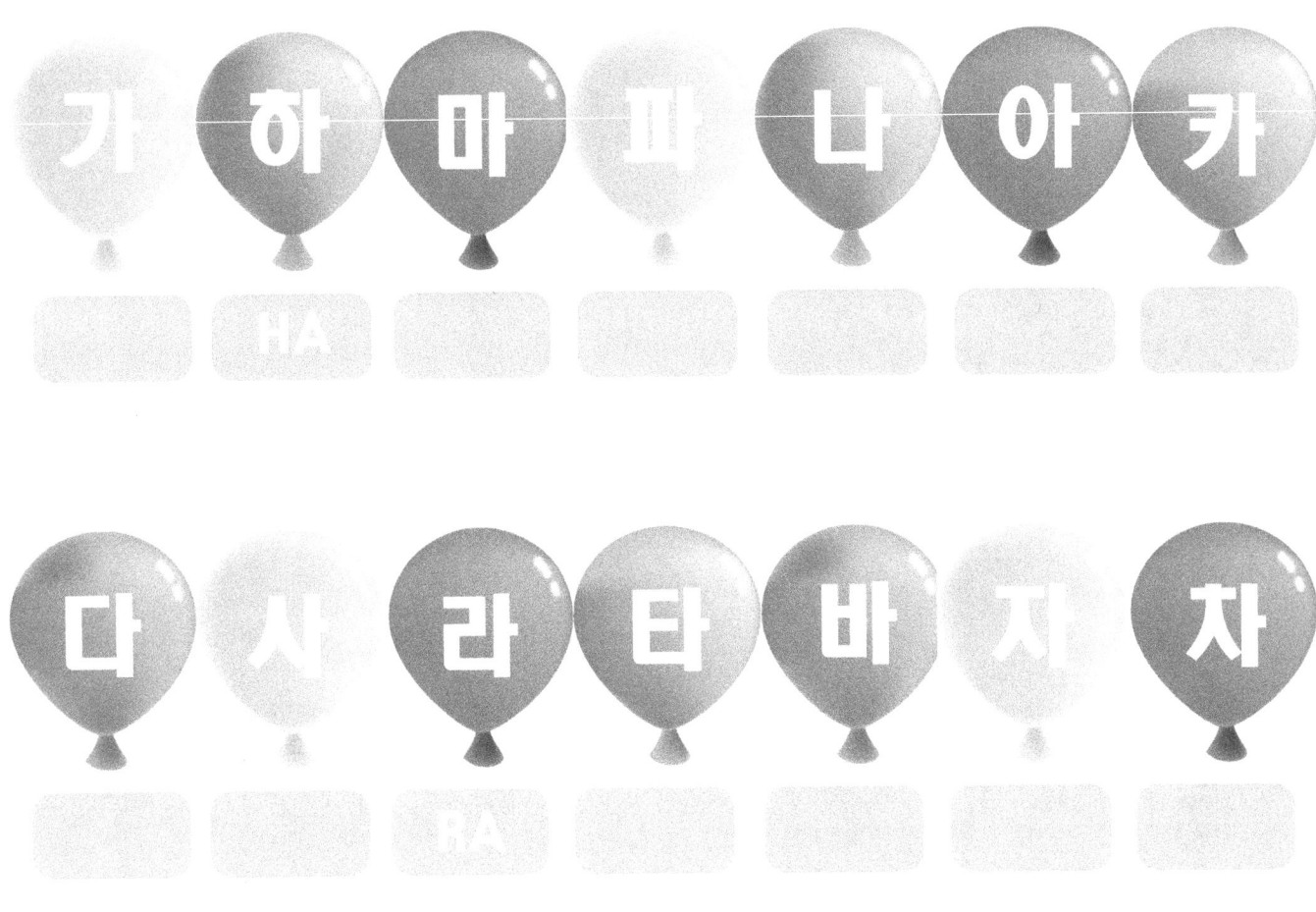

GA, HA, MA, PA, NA, AH, KA
DA, SA, RA, TA, BA, JA, CHA

Le seguenti parole sono incomplete.

Inserite consonanti, vocali e batchim corretti.

Hak Gyo : Scuola

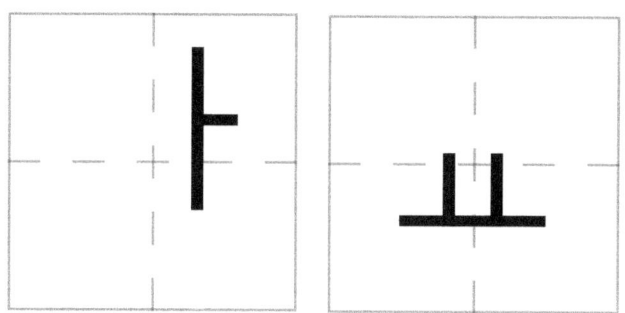

Bu Mo Nim : Genitori

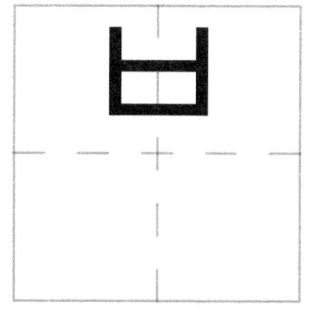
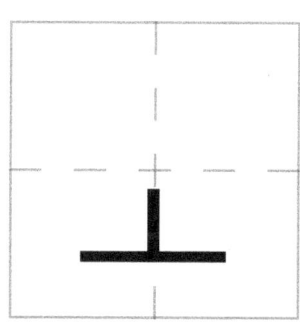
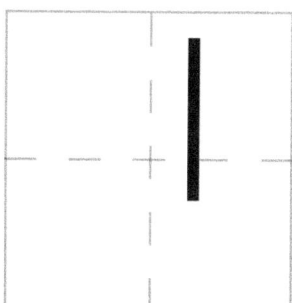

Gang Ah Ji : Cucciolo

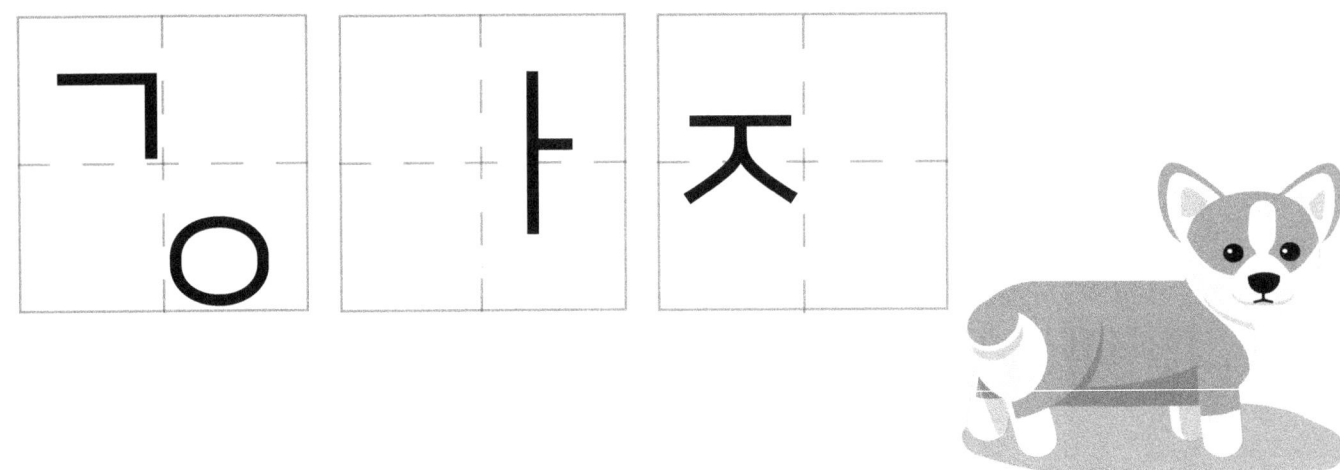

Nun Sa Ram : Pupazzo di neve

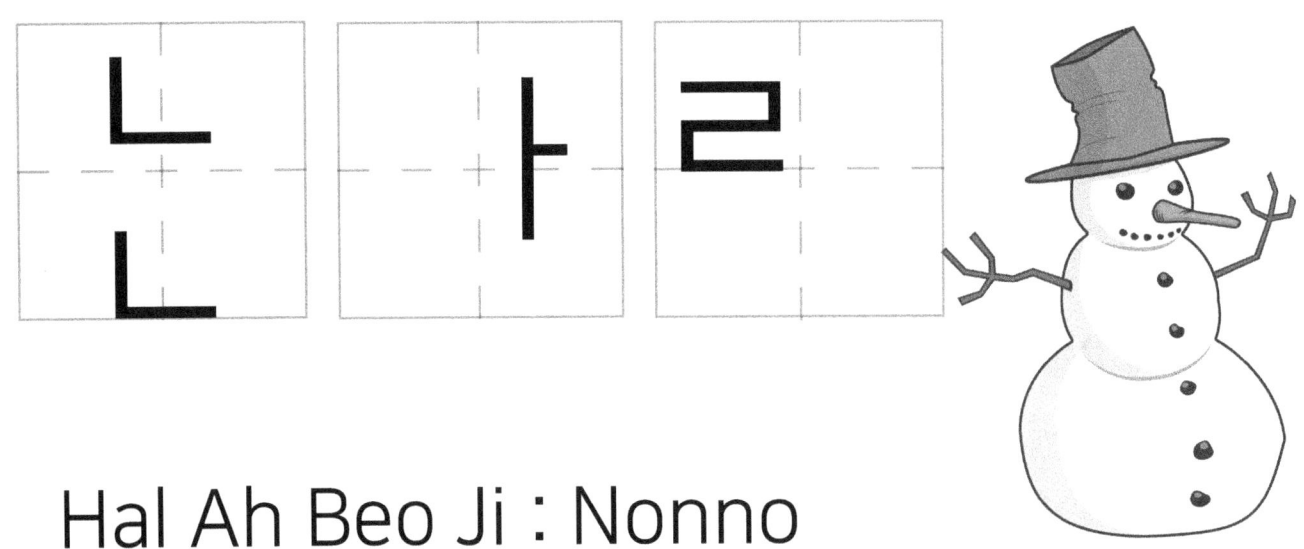

Hal Ah Beo Ji : Nonno

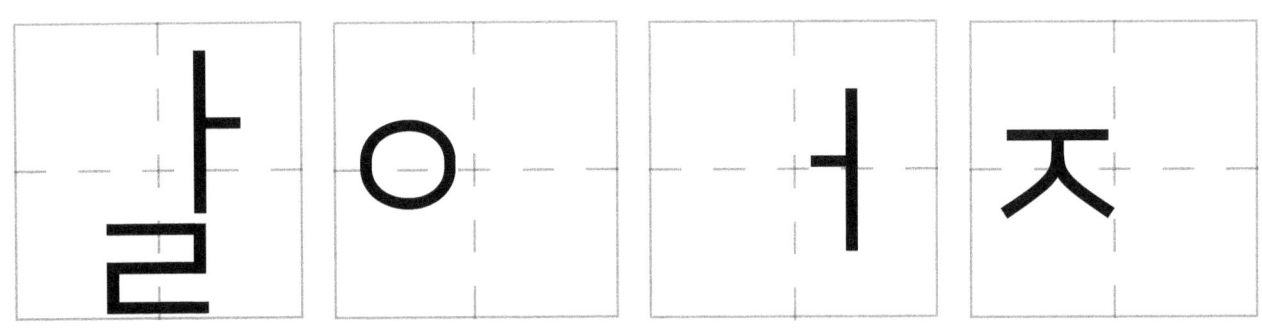

Baek Hwa Jeom : Grandi magazzini

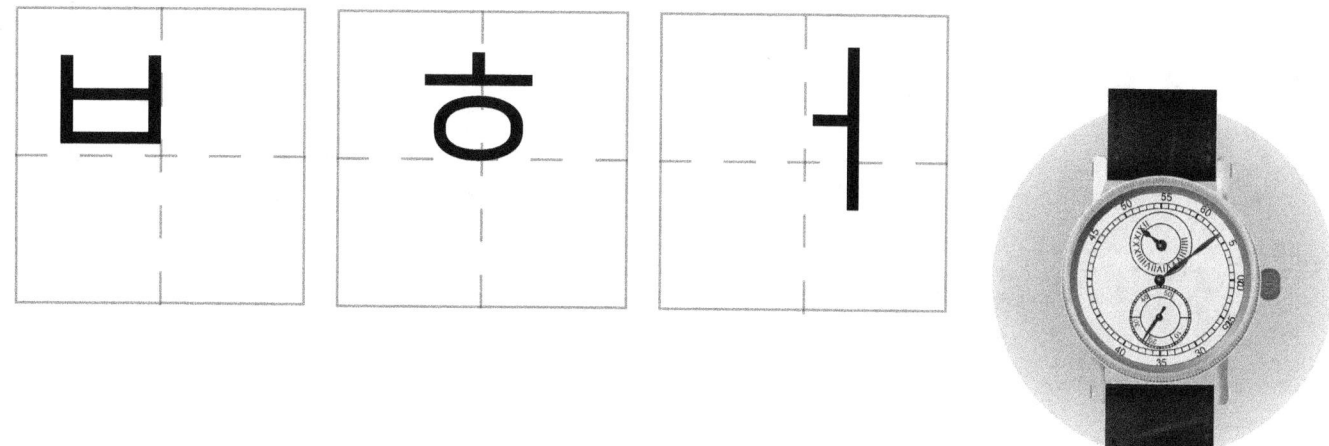

Son Mok Shi Gye : Orologio da polso

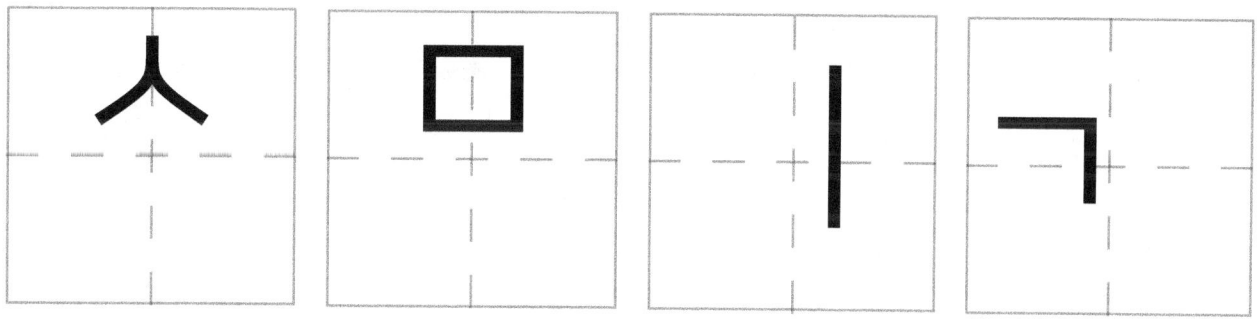

Jeon Hwa Beon Ho : Numero di telefono

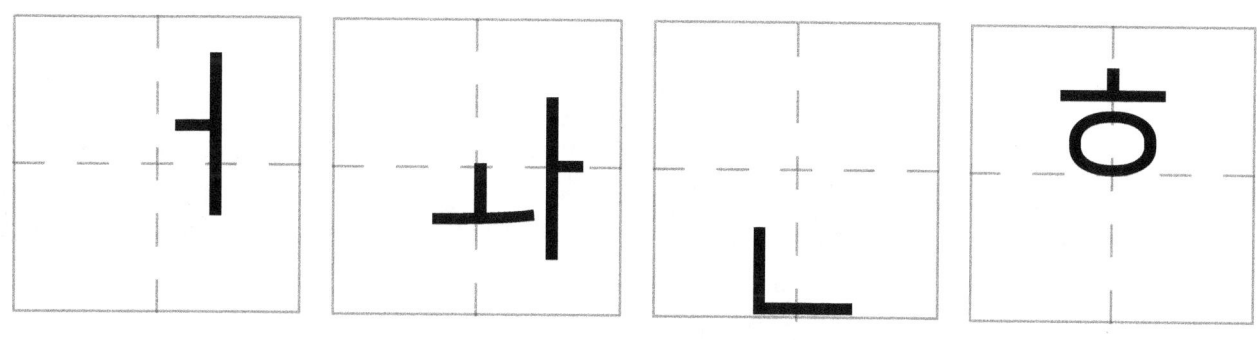

Abbinate i seguenti pezzi del puzzle per completare una parola.

kkot : fiore   chaek : libro   kong : fagiolo   ot : vestiti

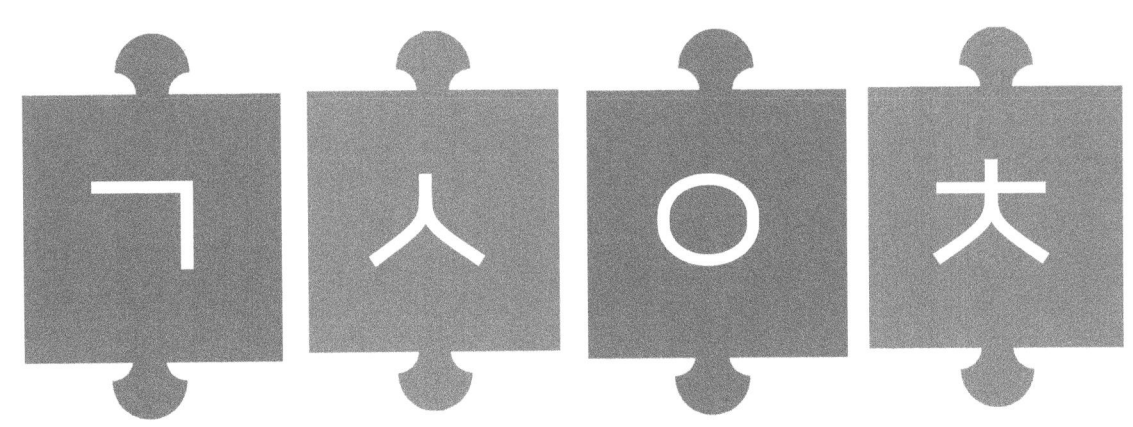

gom : orso   yong : drago   son : mano   choom : danza

Risposte

Hak Gyo : Scuola

학 교

Bu Mo Nim : Genitori

부 모 님

Gang Ah Ji : Cucciolo

강 아 지

Nun Sa Ram : Pupazzo di neve

눈 사 람

Hal Ah Beo Ji : Nonno

할 아 버 지

Baek Hwa Jeom : Grandi magazzini

백 화 점

Son Mok Shi Gye : Orologio da polso

손 목 시 계

Jeon Hwa Beon Ho : Numero di telefonor

전 화 번 호

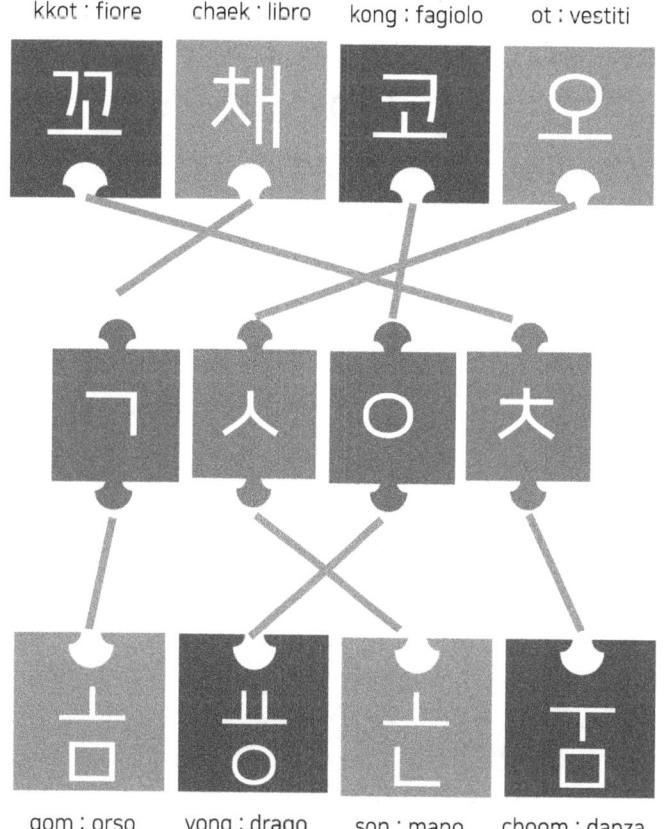

SOGGETTO / OGGETTO / PARTICELLE
주어 / 목적어 / 조사

Il soggetto (주어) di una frase è la persona, il luogo, la cosa o l'idea che sta facendo o essendo qualcosa.

Senza 주어, sarebbe molto difficile capire il significato di una frase.

Cerchiate le parti che secondo voi sono le 주어 delle frasi sulla destra.

하늘	이	맑다.
장미	가	예쁘다.
음식	이	맛있다.
갑자기 바람	이	분다.

Le particelle di marcatura del soggetto "이" e "가" vengono aggiunte alla fine di un soggetto per designarlo come soggetto della frase. 이" si usa per le parole che terminano con una consonante (cioè con 받침), mentre "가" si usa per le parole che terminano con una vocale (cioè senza 받침). Riempite le caselle.

모자 ☐ 작습니다.   사람 ☐ 많아요.

강아지 ☐ 귀엽다.   나비 ☐ 날아왔다.

책 ☐ 두껍다.   물 ☐ 맑아요.

Risposte
모자가 작습니다. 사람이 많아요. 강아지가 귀엽다. 나비가 날아왔다. 책이 두껍다. 물이 맑아요.

In modo simile, 은/는 fungono da particelle di marcatura dell'argomento. Si aggiungono anche alla fine del soggetto di una frase, seguito da un predicato, e designano l'idea principale o l'argomento.

은" si usa per le parole che terminano con una consonante (cioè con 받침), mentre "는" si usa per le parole che terminano con una vocale (cioè senza 받침). Provate a riempire le caselle.

저 ☐ 학생입니다.	귀신 ☐ 무서워요.
수박 ☐ 맛있다.	당신 ☐ 몇 살 이세요?

Risposte
저는 학생입니다. 귀신은 무서워요. 수박은 맛있다. 당신은 몇 살 이세요?

D'altra parte, 을/를 serve come particella marcatrice di oggetto. Si aggiungono alla fine di un soggetto per indicare l'oggetto della frase e . Come suggerisce il nome, sono seguite da un verbo d'azione.

Si usa '을' per le parole che terminano con una consonante (cioè con 받침), mentre '를' si usa per le parole che terminano con una vocale (cioè senza 받침). Provate a riempire le caselle.

지갑 ☐ 잃어버렸다.	책 ☐ 읽어요.
눈사람 ☐ 만들어요.	편지 ☐ 씁니다.

Risposte
지갑을 잃어버렸다. 책을 읽어요. 눈사람을 만들어요. 편지를 씁니다.

Numerate i seguenti pezzi nell'ordine corretto per completare una frase.

Studio il coreano.

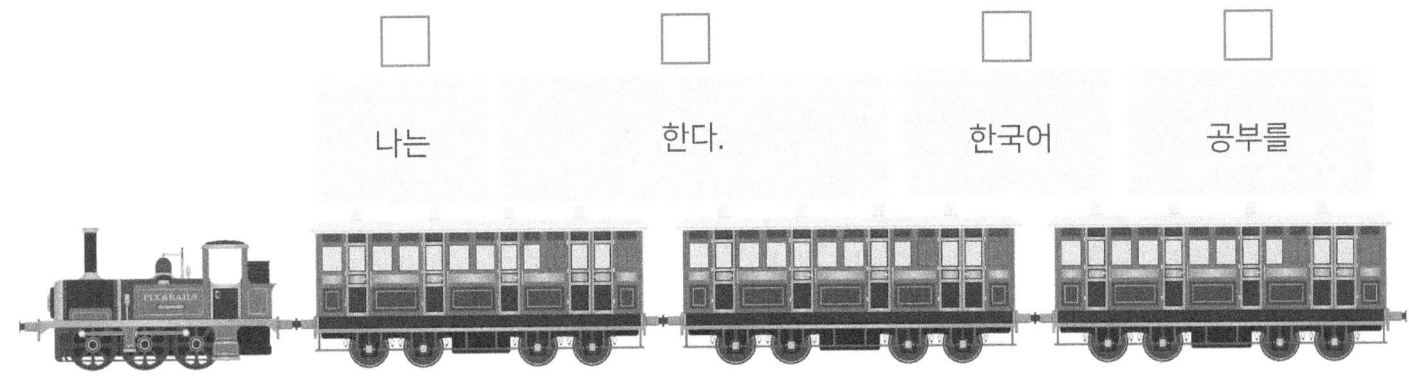

Vado a cena con i miei genitori.

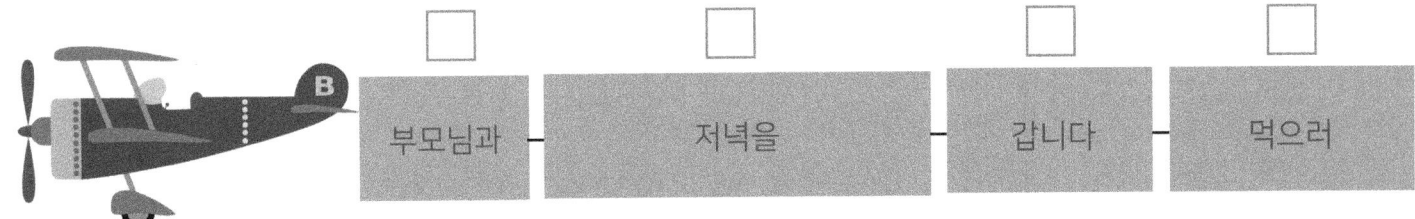

Cheol Soo torna da scuola alle 15:00.

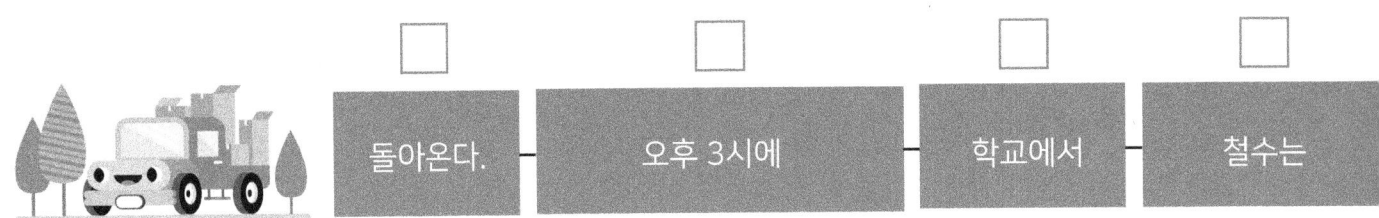

Studiamo intensamente il coreano.

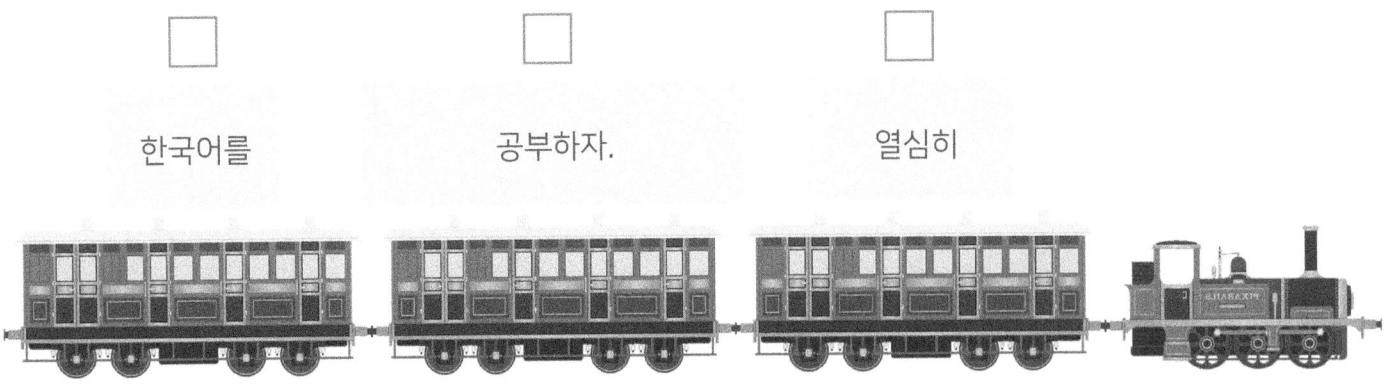

Risposte
1-4-2-3 / 1-2-4-3 / 4-3-2-1 / 1-3-2

Collegate le particelle corrette al soggetto.

송아지 [vitello] ●

수박 [anguria] ●   ● 이

하늘 [cielo] ●

책 [libro] ●   ● 가

철수 [cheol-su] ●

내 친구 [my friend] ●   ● 은

책상 [desk] ●

컴퓨터 [computer] ●   ● 는

자동차 [auto] ●

침대 [letto] ●   ● 을

방석 [cuscino] ●

가방 [borsa] ●   ● 를

Risposte

송아지가. 수박이. 하늘이. 책이.
철수는. 내 친구는. 책상은. 컴퓨터는.
자동차를. 침대를. 방석을. 가방을.

Cerchiate le 주어 per formare una frase.

얼굴에	빨리	배가	고프다.
갑니다.	다리가	천천히	아프다.
회사에	기차가	왜	떠났다.
커피가	완전히	한번	뜨겁다.

Risposte

배가, 다리가, 기차가, 커피가

Cerchiate la particella corretta.

Risposte

호랑이가, 나비가, 수박은, 강아지는, 태양은, 노래를, 영화를, 왕관을.

Alcune particelle nelle frasi seguenti sono usate in modo scorretto. Leggete attentamente e trovate quelle usate in modo scorretto e scrivetele sotto.

로보트을 만들었어요. 공부를 많이 했어요.
Ho costruito un robot.   Ho studiato molto.

맥주이 맛있다. 소금는 짜다. 하늘이 맑다.
La birra ha un buon sapore.   Il sale è salato.   Il cielo è limpido.

노래를 불러요. 스포츠카은 빠르다. 하마는 입가 크다.
Canta una canzone. Le auto sportive sono veloci. Gli ippopotami hanno una bocca grande.

공부가 즐겁다. 책읽기는 재밌다. 영어은 어려워요.
Studiare è piacevole.   Leggere è divertente.   L'inglese è difficile.

피자는 맛있다. 고추은 매워요. 호랑이가 달린다.
La pizza è gustosa.   Il chili è piccante.   La tigre corre.

원숭이은 귀엽다. 치타는 빠르다. 전화를 받습니다.
Le scimmie sono carine.   Le scimmie sono veloci.   Io rispondo al telefono.

음악을 듣습니다. 영화을 봅니다. 라면를 먹습니다.
Ascolto musica.   Guardo un film.   Mangio ramyeon.

Risposte

로보트를 만들었어요. 맥주가 맛있다. 소금은 짜다. 스포츠카는 빠르다. 하마는 입이 크다.
영어는 어려워요. 고추는 매워요. 원숭이는 귀엽다. 영화를 봅니다. 라면을 먹습니다.

SOGGETTO / OGGETTO / PARTICELLE
주어 / 목적어 / 조사

Domande Identificate il SOGGETTO (주어) delle frasi. Se ce n'è più di una, scegliere quella che le contiene entrambe.

1. 하늘이 맑다. (Il cielo è sereno.)

A.늘 B.늘이 C.하늘 D.이 E.맑다

2. 장미가 예쁘다. (La rosa è bella.)

A.장 B.미가 C.가 D.장미 E.예쁘

3. 음식이 맛있다. (Il cibo è delizioso.)

A.음식이 B.맛있 C.맛 D.음식 E.있

4. 갑자기 바람이 분다. (Il vento soffia all'improvviso.)

A.갑 B.갑자 C.바람 D.분 E.분다

5. 모자가 매우 작다. (Il cappello è molto piccolo.)

A.매우 B.작다 C.모자 D.모자 / 매우 E.모자 / 작다

6. 예쁜 강아지가 뛰어가고 있습니다. (Un bel cucciolo sta scappando.)

A.예쁜 B.뛰어 C.강아지 D.강아지 / 뛰어 E.있습니다

7. 나비가 날아와 꽃에 앉았다. (Una farfalla volò e si posò su un fiore.)

A.날아와 B.나비 C.날아 D.꽃에 E.앉았다

Alcune particelle nelle frasi seguenti sono usate in modo scorretto. Leggete attentamente e trovate quelle usate in modo scorretto e scrivetele sotto.

로보트을 만들었어요. 공부를 많이 했어요.
Ho costruito un robot.   Ho studiato molto.

맥주이 맛있다. 소금는 짜다. 하늘이 맑다.
La birra ha un buon sapore.   Il sale è salato.   Il cielo è limpido.

노래를 불러요. 스포츠카은 빠르다. 하마는 입가 크다.
Canta una canzone.   Le auto sportive sono veloci.   Gli ippopotami hanno una bocca grande.

공부가 즐겁다. 책읽기는 재밌다. 영어은 어려워요.
Studiare è piacevole.   Leggere è divertente.   L'inglese è difficile.

피자는 맛있다. 고추은 매워요. 호랑이가 달린다.
La pizza è gustosa.   Il chili è piccante.   La tigre corre.

원숭이은 귀엽다. 치타는 빠르다. 전화를 받습니다.
Le scimmie sono carine.   Le scimmie sono veloci.   Io rispondo al telefono.

음악을 듣습니다. 영화을 봅니다. 라면를 먹습니다.
Ascolto musica.   Guardo un film.   Mangio ramyeon.

Risposte

로보트를 만들었어요. 맥주가 맛있다. 소금은 짜다. 스포츠카는 빠르다. 하마는 입이 크다.
영어는 어려워요. 고추는 매워요. 원숭이는 귀엽다. 영화를 봅니다. 라면을 먹습니다.

SOGGETTO / OGGETTO / PARTICELLE
주어 / 목적어 / 조사

Domande Identificate il **SOGGETTO** (주어) delle frasi. Se ce n'è più di una, scegliere quella che le contiene entrambe.

1. 하늘이 맑다. (Il cielo è sereno.)

   A.늘   B.늘이   C.하늘   D.이   E.맑다

2. 장미가 예쁘다. (La rosa è bella.)

   A.장   B.미가   C.가   D.장미   E.예쁘

3. 음식이 맛있다. (Il cibo è delizioso.)

   A.음식이   B.맛있   C.맛   D.음식   E.있

4. 갑자기 바람이 분다. (Il vento soffia all'improvviso.)

   A.갑   B.갑자   C.바람   D.분   E.분다

5. 모자가 매우 작다. (Il cappello è molto piccolo.)

   A.매우   B.작다   C.모자   D.모자 / 매우   E.모자 / 작다

6. 예쁜 강아지가 뛰어가고 있습니다. (Un bel cucciolo sta scappando.)

   A.예쁜   B.뛰어   C.강아지   D.강아지 / 뛰어   E.있습니다

7. 나비가 날아와 꽃에 앉았다. (Una farfalla volò e si posò su un fiore.)

   A.날아와   B.나비   C.날아   D.꽃에   E.앉았다

8. 제 이름은 김철수입니다. (Il mio nome è Kim Cheol-soo.)

A.김철수　B.제　C.김철수 / 제　D.김철수 / 이름　E.이름

9. 시원한 바람이 불었다. (Soffia un vento fresco.)

A.시원　B.시원한　C.불면　D.좋겠다　E.바람

10. 어두운 구름이 빠르게 없어지고 있습니다. (La nube scura sta scomparendo rapidamente.)

A.어두운　B.구름　C.빠르게　D.없어지고　E.있습니다

11. 지갑을 잃어버린 철수가 슬퍼하고 있습니다. (Cheol-soo, che ha perso il portafoglio, si sente triste.)

A.지갑　B.철수　C.슬퍼　D.잃어버린　E.지갑 / 철수

12. 영희와 철수가 눈사람을 만들고 있습니다. (Yeong-hi e Cheol-soo stanno facendo un pupazzo di neve.)

A.눈사람　B.영희 / 철수　C.만들고　D.영희 / 철수 / 눈사람　E.희와

13. 철수가 영희를 보고 웃었다. (Cheol-soo sorrise a Yeong-hi.)

A.철수　B.영희　C.철수 / 영희　D.철수가 영희　E.웃었다.

14. 민수는 무서운 영화를 보면 악몽을 꾼다.
(Min-soo ha un incubo quando guarda un film spaventoso.)

A.민수　B.무서운 / 보면　C.영화 / 악몽　D.꾼다　E.영화를

15. 한라산은 얼마나 높을까? (Chissà quanto è alto il monte Halla?)

A.한라산　B.높　C.얼마나　D.한라산 / 높을　E.한라산 / 높을까

16. 사나운 사자가 뛰어가고 있습니다. (Un leone feroce corre in giro.)

A.사나운　B.사자　C.사자가　D.뛰어　E.있습니다

17. 사과는 건강에 아주 좋습니다. (La mela fa molto bene alla salute.)

A.사과 B.사과 / 건강 C.아주 D.사과 / 아주 E.좋습니다.

18. 고기는 단백질을 많이 함유하고 있다. (La carne contiene molte proteine.)

A.고기 B.단백질 C.함유 D.고기 / 단백질 E.고기 / 함유

19. 학생은 공부를 열심히 해야 한다. (Uno studente deve studiare duramente.)

A.학생은 B.학생 C.공부 D.열심히 E.학생 / 공부

20. 따뜻한 수프는 감기를 빨리 낫게 해준다. (Una zuppa calda può aiutare a superare rapidamente il raffreddore.)

A.따뜻한 B.수프 C.따뜻한 수프 D.감기 E.해준다

Domande 21 - 40. Scegliete la PARTIZIONE OGGETTIVA corretta 을/를 per completare la frase.

21. 사과(　) 먹는다. (Mangio una mela.)

A.을 B.를

22. 제 이름(　) 아세요? (Conosce il mio nome?)

A.을 B.를

23. 하늘(　) 보면 마음이 상쾌해진다. (Mi sento rinfrancato quando guardo il cielo.)

A.을 B.를

24. 전화기(　) 꺼주세요. (Si prega di spegnere il telefono.)

A.을 B.를

25. 저녁 식사로 짜장면( ) 먹어야겠다! (Mangerò jja-jang-myeon per cena!)

A.을 B.를

26. 내가 하는 말( ) 잘 들어라. (Ascoltate attentamente quello che vi dico.)

A.을 B.를

27. 엄마( ) 보면 나랑 많이 닮은 것 같지 않니?
(Quando mi guardi, pensi che io non assomigli molto a mia madre)

A.을 B.를

28. 닭( ) 보면 공룡이 생각나지 않니?
(I polli non vi ricordano i dinosauri quando li guardate?)

A.을 B.를

29. 소금( ) 많이 먹으면 짜요. (È salato se lo si mangia troppo.)

A.을 B.를

30. 축구( ) 할까? (Giochiamo a calcio?)

A.을 B.를

31. 야구( ) 할까, 농구( ) 할까? (Giochiamo a baseball o a basket?)

A.을 / 을 B.를 / 를 C. 을 / 를 D. 를 / 을

32. 닭고기( ) 먹을까, 돼지고기( ) 먹을까? (Mangiamo pollo o maiale?)

A.을 / 을 B.를 / 를 C. 을 / 를 D. 를 / 을

33. 나( ) 보면, 누구( ) 떠올리니? (Chi le ricordo?)

A. 을 / 을   B. 를 / 를   C. 을 / 를   D. 를 / 을

34. 달콤한 사탕( ) 좋아하니, 새콤한 레몬( ) 좋아하니?
(Vi piacciono le caramelle dolci o i limoni aspri?)

A. 을 / 을   B. 를 / 를   C. 을 / 를   D. 를 / 을

35. 물( ) 너무 많이 마시면 건강( ) 해칠 수 있다.
(Bere troppa acqua può essere dannoso per la salute.)

A. 을 / 을   B. 를 / 를   C. 을 / 를   D. 를 / 을

36. 햄버거에 치즈( ) 두 장 넣고, 빵( ) 얹으세요.
(Nell'hamburger, aggiungere due fette di formaggio e posizionarle sul pane.)

A. 을 / 을   B. 를 / 를   C. 을 / 를   D. 를 / 을

37. 바지( ) 입고, 자켓( ) 입으세요. (Indossate i pantaloni e mettete la giacca.)

A. 을 / 을   B. 를 / 를   C. 을 / 를   D. 를 / 을

38. 피망( ) 좋아하니, 양파( ) 좋아하니? (Vi piacciono i peperoni o le cipolle?)

A. 을 / 을   B. 를 / 를   C. 을 / 를   D. 를 / 을

39. 고개( ) 높이 들고 저 앞( ) 똑바로 보아라. (Sollevate il mento e guardate dritto davanti a voi.)

A. 을 / 을   B. 를 / 를   C. 을 / 를   D. 를 / 을

40. 여행( ) 가면 사진( ) 많이 찍어야지! (Scatterò molte foto quando viaggerò!)

A. 을 / 을   B. 를 / 를   C. 을 / 를   D. 를 / 을

Domande 41 - 60. Scegliete la PARTIZIONE SOGGETTIVA corretta 이/가 per completare la frase.

41. 비행기(　) 도착했다. (L'aereo è arrivato..)

A. 이　B. 가

42. 당신 이름(　) 뭐였죠? (Come ti chiami?)

A. 이　B. 가

43. 하늘(　) 맑으면 마음이 상쾌해진다. (Se il cielo è sereno, la mia mente si rinfresca.)

A. 이　B. 가

44. 사과(　) 정말 달다! (La mela è davvero dolce!)

A. 이　B. 가

45. 내일 비(　) 안오면 좋겠다! (Spero che domani non piova!)

A. 이　B. 가

46. 무서운 괴물(　) 크게 소리쳤다. (Il mostro spaventoso urlò a gran voce.)

A. 이　B. 가

47. 엄마(　) 만들어주신 맛있는 불고기 요리. (Gustoso piatto di bulgogi preparato da mia madre)

A. 이　B. 가

48. 철수(　) 중학생이 되었다고 ? (Cheol-soo è diventato uno studente delle scuole medie?)

A. 이　B. 가

49. 소금( ) 많이 뿌려져서 짜요. (È salato perché è stato abbondantemente cospargiuto di sale.)

A.이　B.가

50. 비디오게임( ) 그렇게 재밌어? (Il videogioco è davvero divertente?)

A.이　B.가

51. 야구( ) 좋아, 농구( ) 좋아? (Le piace il baseball o il basket?)

A.이 / 이　B.가 / 가　C. 이 / 가　D. 가 / 이

52. 닭( ) 먼저일까, 달걀( ) 먼저일까? (Viene prima la gallina o l'uovo?)

A.이 / 이　B.가 / 가　C. 이 / 가　D. 가 / 이

53. 제( ) 말한 다음에 여러분( ) 따라하세요. (Dopo che ho parlato, ripetete.)

A.이 / 이　B.가 / 가　C. 이 / 가　D. 가 / 이

54. 생선 구이( ) 좋아, 비빔밥( ) 좋아? (Ti piace il pesce alla griglia o il bibimbap?)

A.이 / 이　B.가 / 가　C. 이 / 가　D. 가 / 이

55. 내일 아침( ) 되면, 편지( ) 도착하겠지!
(Presumo che la lettera arriverà domani mattina!)

A.이 / 이　B.가 / 가　C. 이 / 가　D. 가 / 이

56. 햄버거에 치즈( ) 없어서, 맛( ) 없네요.
 (Non è gustoso perché manca il formaggio nell'hamburger.)

A.이 / 이　B.가 / 가　C. 이 / 가　D. 가 / 이

57. TV 리모컨( ) 없어져서, 아빠( ) 화나셨다.
(Papà si è arrabbiato perché il telecomando del televisore è scomparso.)

A.이 / 이　B.가 / 가　C. 이 / 가　D. 가 / 이

58. 택시( ) 너무 느리게 가서, 손님( ) 소리를 질렀다.
(Il cliente ha urlato perché il taxi andava troppo piano.)

A. 이 / 이   B. 가 / 가   C. 이 / 가   D. 가 / 이

59. 산에 불( ) 나서 소방 헬기( ) 출동했다.
(Un incendio è scoppiato sulla montagna, e un elicottero antincendio è stato inviato.)

A. 이 / 이   B. 가 / 가   C. 이 / 가   D. 가 / 이

60. 컴퓨터( ) 고장나서 전원( ) 켜지지가 않아!
(Il computer si è rotto e la corrente non si accende!)

A. 이 / 이   B. 가 / 가   C. 이 / 가   D. 가 / 이

Domande 61 - 80. Riempite lo spazio vuoto utilizzando una particella corretta PARTICLE 을/를, 은/는, 이/가 per completare la frase.

61. 나( ) 너( ) 정말로 사랑해. (Ti amo davvero.)

62. 닭고기( ) 치즈보다, 지방( ) 적다. (Il pollo ha meno grassi del formaggio.)

63. 야구( ) 보다가, 재미가 없어서 영화( ) 보았다.
(Stavo guardando il baseball, ma ho guardato un film perché era noioso.)

64. 김치( ) 맵지만, 유산균( ) 많아서 건강에 좋다.
(Il kimchi è piccante ma fa bene alla salute perché contiene molti probiotici.)

65. 세상에( ) 정말로 많은 나라들( ) 있구나.
(I Paesi del mondo sono davvero tanti.)

66. 차( ) 많이 막혀서 친구( ) 만나지 못했다.
(Non ho potuto incontrare il mio amico perché c'era troppo traffico.)

67. 자동차( ) 10,000개의 부품( ) 사용해 만들어진다.
(Le automobili vengono costruite utilizzando 10.000 parti.)

68. 철수(   ) 라면(   ) 먹을때 항상 우유(   ) 마신다.
(Cheol-soo beve sempre del latte quando mangia i ramyeon.)

69. 외국인들(   ) 한국의 여름(   ) 가장 좋다고 말한다.
(Gli stranieri che l'estate coreana dicono è quella che preferiscono.)

70. 빵(   ) 먹을때는 음료수(   ) 같이 마셔야지!
(Si dovrebbe bere una bevanda quando si mangia il pane!)

71. 민구(   ) 비디오게임(   ) 하면 시간(   ) 가는 줄 모른다.
(Mingu perde la cognizione del tempo quando gioca ai videogiochi.)

72. 하늘(   ) 바라보니, 태양(   ) 너무 강렬해서 눈(   ) 감았다.
(Guardando il cielo, il sole era troppo forte e ho chiuso gli occhi.)

73. 목욕(   ) 하니까 피로(   ) 풀린 철수(   ) 금세 잠들었다.
(Cheol-soo si addormenta subito dopo il bagno perché lo fa sentire rilassato.)

74. 선생님(   ) 말하셨다. "철수(   ) 일어나서 큰 소리로 책(   ) 읽어라."
(L'insegnante disse: "Cheol-soo, alzati e leggi il libro ad alta voce".)

75. 내일(   ) 토요일. 그러면 내일 모레(   ) 일요일이니까, 교회에 가서 예배(   ) 드려야겠다.
(Domani è sabato, dopodomani è domenica. Dovrei andare in chiesa.)

76. 나(   ) 너무 배가 불러서 디저트(   ) 하나도 먹지 못해서 기분(   ) 좋지 않았다.
(Non riuscivo a mangiare nessun dolce perché ero troppo piena e questo mi faceva stare male.)

77. 공부(   ) 하나도 못해서 시험 성적(   ) 엉망이다.
(I punteggi dei test sono un disastro perché non ho potuto studiare affatto.)

78. 내(   ) 입양한 강아지(   ) 몸(   ) 아파서 약(   ) 먹였는데, 열(   ) 낮아지지 않았다.
(Il cane che ho adottato era malato e gli ho dato delle medicine, ma la febbre non si è abbassata.)

79. 고양이(   ) 자신의 영역(   ) 지키기 위해서 사람(   ) 공격할 수 있다.
(I gatti possono attaccare le persone per proteggere il loro territorio.)

80. 영화(   ) 보고 싶었는데, 같이 보기로 한 친구(   ) 시간(   ) 없어서 나 혼자 보았다.
(Volevo vedere un film, ma l'amica che doveva accompagnarmi non aveva tempo, così l'ho visto da sola.)

Domande 81 - 100. Cercate di capire se le particelle sono usate in modo errato e scrivete quelle corrette sotto di esse.

81. 로보트<u>을</u> 만들었어요.
(Ho creato un robot.)

82. 철수<u>은</u> 책<u>을</u> 읽다가 힘이 들어서 산책<u>를</u> 하러 공원에 나갔습니다.
(Cheol-soo si sente stanco mentre legge un libro, così va al parco per una passeggiata.)

83. 스마트폰<u>는</u> 우리의 생활<u>를</u> 바꾸어 놓은 테크놀로지다.
(Gli smartphone sono una tecnologia che ha cambiato la nostra vita.)

84. 맥주<u>을</u> 마시면 배<u>가</u> 부르지만 기분<u>가</u> 좋아진다.
(Bere birra fa sentire sazi, ma fa anche sentire bene.)

85. 피자<u>는</u> 어린이들만 좋아하는 음식<u>가</u> 아니라, 어른들도 좋아한다.
(La pizza piace non solo ai bambini ma anche agli adulti.)

86. 원숭이<u>의</u> 바나나<u>을</u> 좋아한다는 이야기<u>는</u> 사실이었어!
(Era vero che alle scimmie piacciono le banane!)

87. 안경<u>를</u> 잃어버린 철수<u>는</u> 앞<u>가</u> 잘 보이지 않아서 고생했다.
(Cheol-soo, che ha perso gli occhiali, ha avuto difficoltà perché non riusciva a vedere bene davanti a sé.)

88. 문장의 의미<u>을</u> 모르면 뜻<u>를</u> 이해하는 게 쉽지 않다.
(Se non si conosce il significato di una frase, è difficile capirla.)

89. 코끼리<u>의</u> 옆에 있으면, 사람<u>의</u> 정말 작아 보인다. 반대로, 강아지<u>가</u> 옆에 있으면, 사람<u>가</u> 커 보인다. (Se un uomo sta accanto a un elefante, sembra molto piccolo. Al contrario, se un uomo sta accanto a un cucciolo, sembra grande..)

90. 엄마<u>가</u> 아빠에게 문자<u>을</u> 보냈다. "집에 올때 마트에서 고기<u>을</u> 사오세요."
(Mamma ha mandato un messaggio a papà. "Compra la carne al supermercato mentre torni a casa".)

91. 한국의 여름는 너무 더워서 노인들이 힘들어한다.
(L'estate coreana è troppo calda e gli anziani hanno difficoltà.)

92. 기분가 좋지 않으면 노래를 크게 불러보자!
(Cantiamo una canzone ad alta voce se vi sentite giù di morale!)

93. 술를 너무 많이 마시면 건강가 나빠진다!
(Se si beve troppo alcol, la salute ne risente!)

94. 공부을 열심히 하면, 너의 꿈가 이루어 질 거야.
(If you study hard, your dream will be realized.)

95. 잠를 안자고 스마트폰을 가지고 놀면, 피곤해진다.
(Se continuate a giocare con lo smartphone e non dormite, sarete stanchi.)

96. 소나무에 솔방울가 크게 열렸다. 사다리를 가지고 와서 따볼까?
(Un pino ha una grande pigna. Vogliamo portare una scala e raccoglierla?)

97. 운동를 너무 열심히 했더니 몸가 피곤하구나.
(Mi sento stanco perché mi sono allenato troppo.)

98. 연습를 많이 해야 실력의 좋아지지.
(È necessario esercitarsi molto per migliorare le proprie capacità.)

99. 한글를 공부하면, 한국어 실력의 훨씬 좋아질 거야!
(Se studiate l'Hangul, la vostra conoscenza del coreano sarà molto migliore!)

100. 나보다 나이가 많은 사람를 만나면, 예의을 갖춰서 말해야 한다.
(Se incontro qualcuno più grande di me, devo parlare in modo formale.)

Risposte

1. C
2. D
3. D
4. C
5. C
6. C
7. B
8. A
9. E
10. B
11. B
12. B
13. A
14. A
15. A
16. B
17. A
18. A
19. B
20. B
21. B
22. A
23. A
24. B
25. A
26. A
27. B
28. A
29. A
30. B
31. B
32. B
33. B
34. A
35. A
36. D
37. D
38. C
39. D
40. A
41. B
42. A
43. A
44. B
45. B
46. A
47. B
48. B
49. A
50. A
51. B
52. A
53. D
54. D
55. C
56. D
57. C
58. D
59. C
60. D
61. 는/를
62. 가/이
63. 를/를
64. 는/이
65. 는/이
66. 가/를
67. 는/을
68. 가/을/를
69. 은/이
70. 을/를
71. 는/을/이
72. 을/이/을
73. 을/가/가
74. 이야/을
75. 은/는/를
76. 는/를/이
77. 를/이
78. 가/가/이/을/이
79. 는/을/을
80. 를/가/이
81. 로보트를 만들었어요.
82. 철수는 책을 읽다가 힘이 들어서 산책을 하러 공원에 나갔습니다.
83. 스마트폰은 우리의 생활을 바꾸어 놓은 테크놀로지다.
84. 맥주를 마시면 배가 부르지만 기분이 좋아진다.
85. 피자는 어린이들만 좋아하는 음식이 아니라, 어른들도 좋아한다.
86. 원숭이가 바나나를 좋아한다는 이야기는 사실이었어!
87. 안경을 잃어버린 철수는 앞이 잘 보이지 않아서 고생했다.
88. 문장의 의미를 모르면 뜻을 이해하는 게 쉽지 않다.
89. 코끼리가 옆에 있으면, 사람이 정말 작아 보인다. 반대로, 강아지가 옆에 있으면, 사람이 커 보인다.
90. 엄마가 아빠에게 문자를 보냈다. "집에 올때 마트에서 고기를 사오세요."
91. 한국의 여름은 너무 더워서 노인들이 힘들어한다.
92. 기분이 좋지 않으면 노래를 크게 불러보자!
93. 술을 너무 많이 마시면 건강이 나빠진다!
94. 공부를 열심히 하면, 너의 꿈이 이루어 질 거야.
95. 잠을 안자고 스마트폰을 가지고 놀면, 피곤해진다.
96. 소나무에 솔방울이 크게 열렸다. 사다리를 가지고 와서 따볼까?
97. 운동을 너무 열심히 했더니 몸이 피곤하구나.
98. 연습을 많이 해야 실력이 좋아지지.
99. 한글을 공부하면, 한국어 실력이 훨씬 좋아질 거야!
100. 나보다 나이가 많은 사람을 만나면, 예의를 갖춰서 말해야 한다.

PREDICATO
서술어

D: Quale dei seguenti elementi può essere utilizzato per descrivere la spiaggia?

바다는... 1) 오늘 2) 아름답다 3) 를 4) 정말 5) 수박

Risposte : 2) 아름답다

Il predicato (서술어) di una frase descrive e identifica:

1) una persona o una cosa (luogo, edificio, oggetto, ecc.)
2) un movimento
3) una forma e le sue caratteristiche / la condizione.

나는	기쁘다.
거북이는	느리다.
바나나는	맛있다.
야구는 정말	재미있다.

Senza di esso, non possiamo capire chiaramente che cosa fa o com'è fatto il soggetto.

Cerchiate la parte che è un predicato.

Risposte
기쁘다. 느리다. 맛있다. 재미있다.

Classificate la seguente serie di 서술어.

아름답다　　　공부하다　　　학생이다

배고프다　　　병원입니다　　　멋지다

달리다　　　높다　　　아프다　　　소년이다

1) una persona o una cosa (luogo, edificio, oggetto, ecc.)

2) un movimento

3) una forma e le sue caratteristiche / la condizione

Risposte
1) 학생이다　병원입니다　소년이다
2) 공부하다　달리다
3) 아름답다　높다　멋지다
4) 배고프다　아프다

Cerchiate le 서술어 per completare le frasi seguenti.

비행기는 매우　　　빠른　　빨리　　빠르다.

철수가 책을　　　조용히　　큰　　읽는다.

강아지가 정말　　　귀엽다.　　다시　　왜

제주도 풍경은　　　왜　　아름답다.　　한번

Risposte
빠르다.　읽는다.　귀엽다.　아름답다.

Inserite i seguenti 서술어 nelle categorie corrette.

날다   친구다

최고다   학교입니다

뛰다   높다   소녀다

---

1) una persona o una cosa (luogo, edificio, oggetto, ecc.)

2) un movimento

3) una forma e le sue caratteristiche / la condizione.

Risposte

1) 친구다 학교입니다 소녀다
2) 날다 뛰다
3) 높다 최고다

Cerchiate le 서술어 per completare le frasi seguenti.

사자는 매우   빠른   빨리   무섭다.

미호가 밥을   조용히   많이   먹는다.

고양이가 정말   예쁘다.   어디에   왜

겨울은   아름다운   춥다.   한번

Risposte

무섭다.   먹는다.   예쁘다.   춥다.

Esercitatevi a scrivere le seguenti frasi e colorate la parte della frase 서술어.

철수가 사탕을 먹는다.

아기피부는 매우 부드럽다.

피자는 정말 맛있다.

의자에 앉아서 공부합니다.

제 이름은 수지입니다.

Risposte

먹는다.　　부드럽다.　　맛있다.　　공부합니다.　　수지입니다.

Selezionate una 서술어 dall'elenco per completare correttamente le seguenti frasi.

좋아합니다.   대학생입니다.   뛰어갑니다.

아픕니다.   김세호입니다.   무섭습니다.

제 이름은
Il mio nome è
_____

저는
Io sono
_____

호랑이가 빠르게
Una tigre ( ) veloce.
_____

저는 야구를
Io ( ) il baseball.
_____

머리가 많이
La mia testa ( ) molto.
_____

좀비 영화는 정말
I film sugli zombie sono davvero ( ).
_____

Risposte

제 이름은 김세호입니다.   저는 대학생입니다.   호랑이가 빠르게 뛰어갑니다.
저는 야구를 좋아합니다.   머리가 많이 아픕니다.   좀비 영화는 정말 무섭습니다.

PREDICATO
서술어

Domande 101 - 120. Leggete le seguenti frasi e individuate la parte che contiene un predicato.

101. 날씨가 춥다. (Il tempo è freddo).

102. 영희가 청소를 하고 있다. (Yeong-hi sta pulendo).

103. 강아지가 사료를 먹고 있다. (Un cucciolo mangia cibo per cani).

104. 나무가 매우 크다. (L'albero è davvero grande).

105. 기차가 정말로 길다. (Il treno è molto lungo).

106. 독감에 걸려 몸이 아프다. (Sono malato perché ho l'influenza).

107. 오늘은 정말 졸리다. (Oggi ho molto sonno).

108. 아침부터 비가 옵니다. (Piove da stamattina).

109. 아기가 방긋 웃고 있습니다. (Un bambino sorride dolcemente.)

110. 제 친구들은 러시아 사람입니다. (I miei amici sono russi.)

111. 저 건물이 제가 다니는 학교입니다. (Quell'edificio è la scuola che frequento).

112. 여기가 바로 광화문입니다. (Questo è Gwanghwamun, proprio qui).

113. 어제부터 공부를 열심히 하고 있다. (Sto studiando duramente da ieri).

114. 바람이 정말 차갑게 분다. (Il vento soffia molto freddo).

115. 운동을 많이 해서 몸이 피곤하다. (Mi sento stanca perché mi sono allenata molto).

116. 종이를 접어서 예쁜 모양을 만들었다. (Ho piegato un foglio in una forma graziosa).

117. 인터넷이 빠르다. (Internet è veloce).

118. 피아노 소리가 아름답다. (Il pianoforte ha un suono bellissimo).

119. 바이올린 연습은 참 어렵다. (Praticare il violino è molto difficile).

120. 오리와 닭은 생김새가 다르다. (Anatre e galline hanno un aspetto diverso).

Domande 121 - 150. Leggete le seguenti frasi e individuate quale dei seguenti predicati 1) identifica un soggetto 2) descrive un movimento 3) descrive una caratteristica/condizione. Scrivete il numero corrispondente.

121. 나는 학생이다. (Sono uno studente).

122. 나의 이름은 김철수다. (Il mio nome è Kim Cheol-soo.)

123. 내 친구는 키가 크다. (Il mio amico è alto).

124. 민호가 책을 읽고 있다. (Min-ho sta leggendo un libro).

125. 기린의 목은 정말 길다. (Il collo di una giraffa è molto lungo).

126. 백화점에 사람들이 정말 많다! (C'è davvero tanta gente nei grandi magazzini)!

127. 얼룩말이 뛰어간다. (Una zebra sta correndo).

128. 머리가 아프다. (Mi fa male la testa).

129. 구름이 천천히 지나간다. (Le nuvole passano lentamente).

130. 저기 있는 사람이 내 삼촌이야. (Quella persona laggiù è mio zio).

131. 전화기가 따르릉 울렸습니다. (Il telefono ha squillato.).

132. 바나나는 노랑색이다. (Le banane sono di colore giallo).

133. 철수가 자전거에 앉아서 운동하고 있다. (Cheol-soo fa esercizio fisico, seduto su una bicicletta).

134. 날씨가 맑다. (Il tempo è sereno).

135. 바람이 매섭게 불어 춥다. (Fa freddo a causa del clima rigido).

136. 공부를 하다가 잠들었다. (Mi sono addormentato mentre studiavo).

137. 이 커다란 동물이 공룡입니다. (Questo enorme animale è un dinosauro).

138. 얼룩말이 빠르게 달려간다. (Una zebra corre veloce).

139. 휘발유 가격이 비싸다. (Il prezzo della benzina è caro).

140. 다이어트를 많이 해서 날씬하다. (Sono magra grazie a una dieta ferrea).

141. 소리가 너무 크다. (Il suono è troppo forte.)

142. 라면을 먹었다. (Ho mangiato ramyeon).

143. 라면이 맵다. (Ramyeon è piccante).

144. 라면이 끓는다. (Il ramen sta bollendo).

145. 도서관에 책이 많다. (In biblioteca ci sono molti libri).

146. 지갑을 잃어버렸다. (Ho perso un portafoglio).

147. 운동은 힘들다. (L'esercizio fisico è difficile).

148. 책상위에 있는 것은 연필입니다. (Quello che c'è sulla scrivania è una matita).

149. 비행기가 자동차보다 빠르다. (Gli aerei sono più veloci delle auto).

150. 한국어 공부는 즐겁다. (Studiare la Corea è piacevole).

Domande 151 - 180. Riempite gli spazi vuoti con i predicati appropriati dell'elenco per completare le frasi seguenti.

```
아프다   고프다   높다   낮다   즐겁다   동물이다
식물이다   달려간다   느리다   책상입니다   길다   달다
펄럭입니다   학생이다   어리다   영화다   이민수입니다   똑같다
다르다   먹고 있다   배부르다   앉았다   많다   선생님이다
호랑이다   날아간다   크다   쉽다   잠들었다   건물이다
```

151. 롯데월드타워는 555미터로, 대한민국에서 가장 높은 (   ).
La Lotte World Tower è (   ) più alto della Corea, con i suoi 555 metri).

152. 눈이 많이 쌓인 길에서 넘어졌더니 엉덩이가 (   ).
(Mi (   ) i fianchi perché sono caduto su una strada dove si era accumulata molta neve).

153. 달리기 속도를 비교하면, 거북이가 토끼보다 훨씬 (   ).
(Se si confronta la velocità di corsa, le tartarughe sono molto più (   ) dei conigli).

154. 잠자리가 해바라기꽃 위에 (   ).
(Una libellula (   ) in cima a un girasole).

155. 오렌지와 귤은 비슷하게 생겼지만 맛이 (   ).
(Le arance e i mandarini si assomigliano ma hanno un sapore (   ).

156. 오늘 아침 식사를 하지 않았더니 배가 (   ).
(Ho (   ) perché ho saltato la colazione).

157. 식물의 반대말은 (   ).
(Il contrario di pianta è (   )).

158. 나는 열 살이고 너는 다섯 살이니, 네가 나보다 (   ).
(Io ho dieci anni e tu cinque. Questo ti rende più (   ) di me).

159. 수학, 과학, 영어, 체육 모두 A+를 받는 철수는 똑똑한 (   ).
(Cheol-soo prende tutte A+ in matematica, scienze, inglese ed educazione fisica. (   ) intelligente).

160. 이것은 의자이고, 저것은 (   ).
(Questa è una sedia e quella è (   )).

161. 소금은 짜고, 설탕은 (   ).
(Il sale è salato e lo zucchero è (   )).

162. 학생여러분, 반갑다! 내 이름은 김현정이고, 나는 오늘부터 너희들을 가르칠 (   ).
(Studenti, piacere di conoscervi! Mi chiamo Kim Hyeon-jeong e (   ) che vi insegnerà da oggi).

163. 반갑습니다. 제 이름은 (   ).
(Piacere di conoscerla. Il mio nome è (   )).

164. 짜장면, 탕수육에 디저트까지 먹어서 (   ).
(Sono (   ) perché ho mangiato jjajangmyeon, tang-su-yuk e il dessert).

165. 동물원에서 가장 무서운 동물은 (   ).
(L'animale più spaventoso dello zoo è (   )).

166. 코끼리가 긴 코를 이용해서 과일을 (   ).
(Un elefante (   ) un frutto usando il suo lungo naso).

167. 친구들과 떠나는 여행은 언제나 (   ).
(Un viaggio con gli amici è sempre (   )).

168. 기린이 하마보다 키가 훨씬 (   ).
(L'altezza delle giraffe è molto più (   ) di quella degli ippopotami).

169. 와! 종이 비행기가 정말 잘 (   ).
(Wow! L'aereo di carta sta davvero (   ) bene).

170. 수업을 많이 빠졌더니 숙제가 정말 (   ).
(A causa del fatto di aver saltato molte lezioni, i compiti sono davvero (   ).

171. 타이타닉은 내가 가장 좋아하는 헐리우드 (   ).
(Titanic è il mio (   ) preferito di Hollywood.

172. 20cm짜리 막대기는 5cm짜리 막대기보다 길이가 (   ).
(Un bastone di 20 cm è più (   ) di un bastone di 5 cm).

173. 의자가 높은 줄 알았는데 생각보다 많이 (   ).
(Pensavo che la sedia fosse alta, ma è molto più (   ) di quanto pensassi).

174. 쌍둥이 형제는 얼굴이 (   ).
(I volti dei fratelli gemelli sono (   ).

175. 공부를 많이 했더니 생각보다 시험 문제가 (   ).
(Poiché ho studiato molto, le domande del test sono più (   ) di quanto pensassi).

176. 침팬지는 동물이고, 장미는 (   ).
(Gli scimpanzé sono animali e le rose sono (   ).

177. 가을 하늘은 정말 (   ).
(Il cielo d'autunno è davvero (   ).

178. 너무 피곤해서 나도 모르게 (   ).
(Poiché ero troppo stanco, (   ) senza rendermene conto).

179. 태극기가 바람에 (   ).
(La bandiera coreana è (   ) dal vento).

180. 와! 치타가 정말 빠르게 (   ).
(Wow! Un ghepardo sta (   ) davvero veloce)!

Risposte

101. 날씨가 <u>춥다</u>.
102. 영희가 청소를 <u>하고 있다</u>.
103. 강아지가 사료를 <u>먹고 있다</u>.
104. 나무가 매우 <u>크다</u>.
105. 기차가 정말로 <u>길다</u>.
106. 독감에 걸려 몸이 <u>아프다</u>.
107. 오늘은 정말 <u>졸리다</u>.
108. 아침부터 비가 <u>옵니다</u>.
109. 아기가 방긋 <u>웃고 있습니다</u>.
110. 제 친구들은 러시아 <u>사람입니다</u>.
111. 저 건물이 제가 다니는 <u>학교입니다</u>.
112. 여기가 바로 <u>광화문입니다</u>.
113. 어제부터 공부를 열심히 <u>하고 있다</u>.
114. 바람이 정말 차갑게 <u>분다</u>.
115. 운동을 많이 해서 몸이 <u>피곤하다</u>.
116. 종이를 접어서 예쁜 모양을 <u>만들었다</u>.
117. 인터넷이 <u>빠르다</u>.
118. 피아노 소리가 <u>아름답다</u>.
119. 바이올린 연습은 참 <u>어렵다</u>.
120. 오리와 닭은 생김새가 <u>다르다</u>.
121. 1
122. 1
123. 3
124. 2
125. 3
126. 3
127. 2
128. 3
129. 2
130. 1
131. 2
132. 3
133. 2
134. 3
135. 3
136. 2
137. 1
138. 2
139. 3
140. 3
141. 3
142. 2
143. 3
144. 2
145. 3
146. 2
147. 3
148. 1
149. 3
150. 3
151. 건물이다
152. 아프다
153. 느리다
154. 앉았다
155. 다르다
156. 고프다
157. 동물이다
158. 어리다
159. 학생이다
160. 책상입니다
161. 달다
162. 선생님이다
163. 이민수입니다
164. 배부르다
165. 호랑이다
166. 먹고 있다
167. 즐겁다
168. 크다
169. 날아간다
170. 많다
171. 영화다
172. 길다
173. 낮다
174. 똑같다
175. 쉽다
176. 식물이다
177. 높다
178. 잠들었다
179. 펄럭입니다
180. 달려간다

TIPI DI FRASI
문장의 종류

D: Quale dei seguenti elementi è più adeguata per lo spazio vuoto?

1) 잘 지냈다 2) 잘 지냈어 3) 잘 지내라

Risposte : 2) 잘 지냈어

Esistono diversi tipi di frasi. Queste possono avere lo scopo di spiegare, descrivere, chiedere, comandare ed esprimere. Di solito terminano con la seguente desinenza.

Spiegare e descrivere: ~다, ~이다, ~입니다, ~요
Chiedere/offrire: ~까?, ~요?, ~세요?, ~어?, ~니?, ~가요?, ~니까?, ~자, ~죠
Comandare: ~라, ~세요, ~오, ~시오
Esprimere: ~나!, ~다!, ~가!

Copiate le seguenti frasi in base al loro tipo di frase.

가을에는 단풍이 아름답습니다.

내일 영화보러 갈까요?

티비를 꺼라.

자, 이제 밥을 먹자.

이렇게 아름다울수가!

1+1은 2입니다.

Spiegare e descrivere:

Chiedere/offrire:

Comandare:

Esprimere:

Risposte

Spiegare e descrivere: 가을에는 단풍이 아름답습니다. 1+1은 2입니다.
Chiedere/offrire: 내일 영화보러 갈까요. 자 이제 밥을 먹자.
Comandare: 티비를 꺼라.
Esprimere: 이렇게 아름다울수가!

Completate le frasi seguenti inserendo un segno di punteggiatura corretto (. / ? / !) ed esercitatevi a scrivere ricopiando le frasi.

철수가 사탕을 먹나요☐

눈사람을 함께 만들까☐

백두산은 정말 높구나☐

라디오 소리를 줄여라☐

나는 배가 많이 고프다☐

Risposte

? / ? / ! / . / .

TIPI DI FRASI
문장의 종류

Domande 180 - 230. Riempite gli spazi vuoti con i segni di punteggiatura appropriati (. / ? / !). Se sono più di uno, scriveteli entrambi.

181. 서울의 날씨는 어떤가요( )
(Com'è il tempo a Seoul ( )

182. 휴! 집이 이렇게 멀다니( )
(Fiuuu! Casa è così lontana( )

183. 오늘은 일찍 자거라( )
(Dormire presto stanotte ( )

184. 야구가 좋니, 축구가 좋니( )
(Ti piace il baseball o il calcio( )

185. 책을 많이 읽으면 두뇌 건강에 좋다( )
(ILeggere molto fa bene alla salute del cervello( )

186. 당장 컴퓨터를 끄세요( )
(Spegnere subito il computer( )

187. 여기에 온 이유가 뭐니( )
(Qual è il motivo per cui sei venuto qui ( )

188. 자리에 앉아도 될까요( )
(Posso sedermi ( )

189. 여기에 앉으세요( )
(Per favore, siediti qui( )

190. 와! 날씨가 이렇게 추울수가( )
(Wow! Come può il tempo essere così freddo( )

191. 소금과 후추는 어디에 있나요( )
(Dov'è il sale e il pepe( )

192. 밥을 먹었으니 이제 집에 갑시다( )
(Andiamo a casa visto che abbiamo mangiato( )

193. 시간이 늦었으니 이제 집에 가자( )
(Andiamo a casa visto che è tardi( )

194. 어머! 정말 예쁜 드레스네( )
(Oh mio! E' un vestito davvero bello( )

195. 오늘은 일찍 자야겠다. 내일 일찍 일어나야 하니까( )
(Dovrei dormire presto perché domani devo svegliarmi presto( )

196. 와! 시간 정말 빨리간다( )
(Wow! Il tempo vola davvero( )

197. 지금 몇시지( )
(Che ora è adesso( )

198. 이 책의 제목이 뭐였더라( )
(Qual era il nome di questo libro ( ).

199. 도서관에서는 조용히 하거라( )
(Silenzio in biblioteca( )

200. 나도 게임 하면 안돼( )
(Posso giocare anch'io( )

201. 우유에는 칼슘이 많다( )
(Il latte contiene molto calcio( )

202. 와! 우리가 이겼다( )
(Evviva! Abbiamo vinto( )

203. 축구 경기는 몇시에 끝나나요( )
(A che ora finisce la partita di calcio( )

204. 문제를 듣고 정답을 적어보세요( )
(Ascoltate le domande e scrivete le risposte( )

205. 내가 여기에 온 이유가 뭐였지( )
(Qual è il motivo per cui sono venuto qui( )

206. 도둑이다! 도둑 잡아라( )
(Ladro! Cattura il ladro( )

207. 오늘 저녁엔 무엇을 먹을까( )
(Cosa mangio stasera( )

208. 정말 덥다( )
Fa davvero caldo( )

209. 공부를 마치고 영화를 봐야겠다( )
(Dovrei guardare un film dopo aver finito di studiare( )

210. 그동안 건강히 잘 지내셨나요( )
(Siete stati bene finora( )

211. 저는 잘 지냈어요( )
(Sono stato bene( )

212. 내일은 날씨가 맑을거래요( )
(Domani si dice che sia chiaro( )

213. 지금 몇시나 되었나( )
(Che ora è adesso( )

214. 너 많이 배고프지( )
(Siete molto affamati, vero( )

215. 내일은 뭐하지( )
(Cosa devo fare domani( )

216. 철수야! 학교에 늦겠다! 그만 자고 빨리 일어나( )
(Cheol-soo! Farai tardi a scuola! Smetti di dormire e svegliati( )

217. 자, 이제 밥을 먹어볼까( )
(Beh, ora mangiamo, no( ).

218. 왜냐면 너무 피곤하니까( )
(Perché sono troppo stanco( )

219. 하느님 맙소사( )
(Oh mio Dio( )

220. 이제 집에 가자꾸나( )
(Andiamo a casa adesso( )

221. 택시는 어디에서 타나요( )
(Dove posso prendere un taxi( )

222. 낚시는 정말 재미있네요( )
(La pesca è davvero divertente( )

223. 사람들이 많아서 복잡하다( )
(È affollato perché c'è molta gente( )

224. 음악 소리를 줄여주세요( )
(Si prega di abbassare il volume della musica( )

225. 경찰이다! 꼼짝 마라( )
(È la polizia! Non muovetevi( )

226. 차가 온다! 조심해라( )
(L'auto si avvicina! Attenzione( )

227. 점심 잘 챙겨 먹었지( )
(Non vi siete dimenticati di pranzare, vero( )

228. 오늘은 일찍 자야지( )
(Oggi dovrei dormire presto( )

229. 도대체 이게 뭐야( )
(Che cosa è questo( )

230. 아니! 어떻게 이런 일이 있을 수가( )
(Oh, mio Dio! Come è potuto accadere( )

Risposte

181. ?
182. !
183. . / !
184. ?
185. .
186. . / !
187. ?
188. ?
189. . / !
190. !
191. ?
192. . / !
193. . / !
194. !
195. .
196. !
197. ?
198. ?
199. . / !
200. ?
201. .
202. !
203. ?
204. .
205. ?
206. !
207. ?
208. !
209. .
210. ?
211. .
212. .
213. ?
214. ?
215. ?
216. !
217. ?
218. .
219. !
220. . / !
221. ?
222. . / !
223. . / !
224. . / !
225. !
226. !
227. ?
228. .
229. ! / ?
230. !

ONOMATOPEA
의성어/의태어

D: Quale dei seguenti elementi descrive il modo in cui la tartaruga cammina?

거북이가 ☐ 기어간다   1) 높은 2) 예쁜 3) 엉금엉금

Risposte : 3) 엉금엉금

In coreano esistono parole che imitano movimenti e forme (의태어) e suoni (의성어), per rendere più realistica una frase. Cerchiate le parole che imitano movimenti e forme e usare un triangolo per le parole che imitano i suoni.

깡총깡총   요리조리   따르릉   보글보글
쿵   우당탕탕   엉금엉금   바둥바둥
울긋불긋   음매음매   살금살금

Risposte

Imitating movements / shapes – 깡총깡총 요리조리 엉금엉금 바둥바둥 울긋불긋 살금살금
Imitating sounds – 따르릉 보글보글 쿵 우당탕탕 음매음매

Collegate le seguenti immagini con le parole corrette.

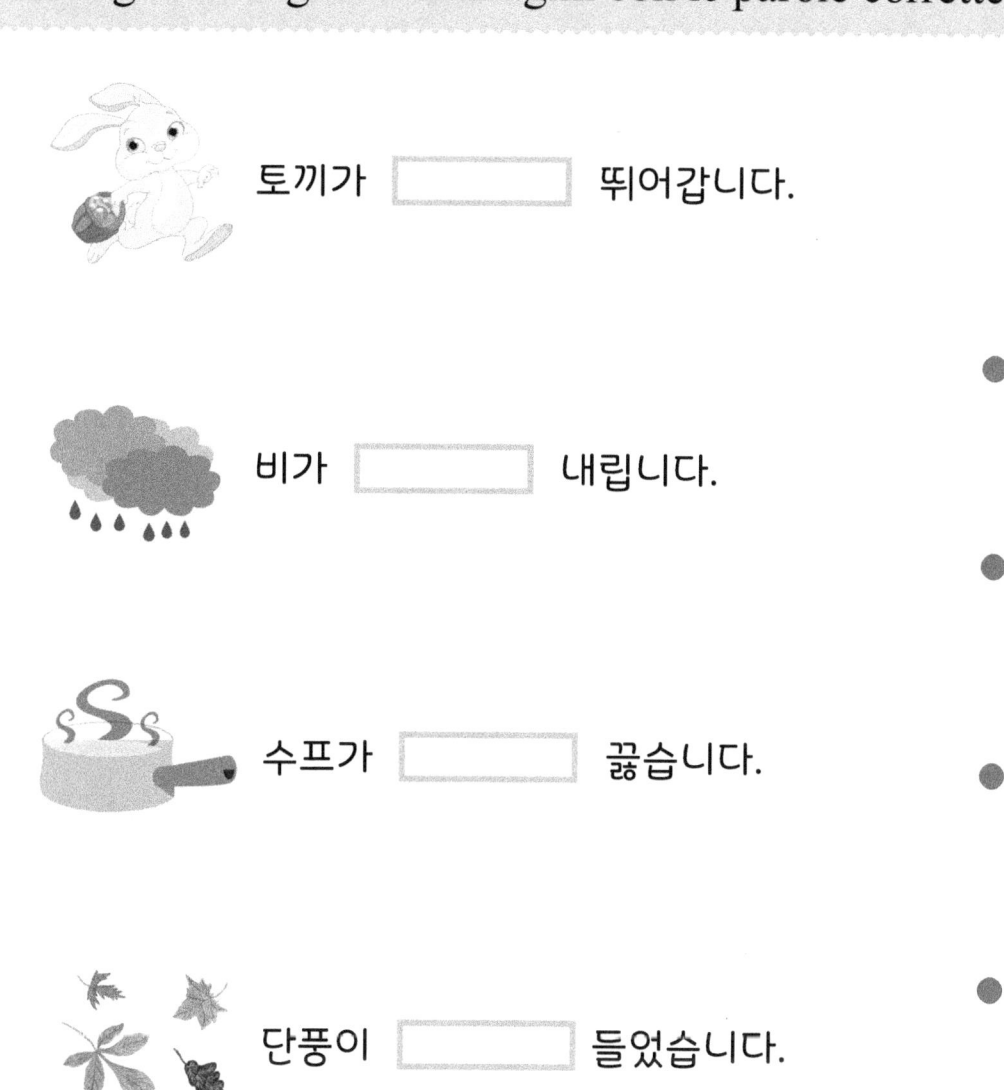

토끼가 □ 뛰어갑니다.

비가 □ 내립니다.

수프가 □ 끓습니다.

• 보글보글

• 으르렁

• 깡총깡총

단풍이 □ 들었습니다.

• 울긋불긋

• 따르릉

호랑이가 □ 거립니다.

• 주룩주룩

전화가 □ 울립니다.

Risposte

토끼가 깡총깡총 뛰어갑니다.　비가 주룩주룩 내립니다.　수프가 보글보글 끓습니다.
단풍이 울긋불긋 들었습니다.　호랑이가 으르렁 거립니다.　전화가 따르릉 울립니다.

Esercitatevi a scrivere le seguenti frasi e colorate la parte 의성어/의태어 della frase.

아기가 응애응애 운다.

심장이 쿵쿵 뛰어요.

비둘기가 파닥파닥 날개짓해요.

키보드를 타닥타닥 쳐요.

전투기가 슈웅슈웅 날아간다.

Risposte

응애응애. 쿵쿵. 파닥파닥. 타닥타닥. 슈웅슈웅

Selezionate una 의성어/의태어 dall'elenco per completare correttamente le seguenti frasi.

> 삐뽀삐뽀　　콰당　　멍멍　　야옹야옹
> 꿀꺽꿀꺽　　찰칵찰칵　　쨍그랑

접시가 [　　] 소리를 내면서 깨졌다.
Il piatto si è rotto facendo (　　)!".

앰뷸런스가 [　　] 하고 빠르게 지나갔다.
L'ambulanza è passata velocemente, facendo rumore (　　)!.

사진을 [　　] 찍어요.
Scattare una foto, (　　)!.

목이 말라서 물을 [　　] 마셨어요.
Ho bevuto acqua (　　) perché avevo sete.

길이 미끄러워서 [　　] 하고 넘어졌어요.
Sono caduto, facendo (　　)!" perché la strada era scivolosa.

강아지는 [　　], 고양이는 [　　].
I cani fanno (　　), i gatti fanno (　　)..

Risposte

접시가 쨍그랑 소리를 내면서 깨졌다.　　앰뷸런스가 삐뽀삐뽀 하고 빠르게 지나갔다.　　사진을 찰칵찰칵 찍어요.
목이 말라서 물을 꿀꺽꿀꺽 마셨어요.　　길이 미끄러워서 콰당 하고 넘어졌어요.　　강아지는 멍멍 고양이는 야옹야옹.

ONOMATOPEA
의성어 / 의태어

Domande 231 - 270. Scegliete la parola imitativa più appropriata per completare le frasi seguenti.

231. 강아지가 (　　) 짖는다.
Il cane abbaia, (　　).
A.보글보글 B.멍멍 C.쿵쿵 D.용용 E.터벅터벅

232. 오리가 (　　) 걸어간다.
(Un'anatra cammina (　　).
A.깡충깡충 B.콩닥콩닥 C.으르렁 D.부르릉 E.뒤뚱뒤뚱

233. 참새가 (　　) 노래한다.
(La rondine canta, facendo (　　).
A.짹짹 B.야옹 C.퐈당 D.꿀꿀 E.삑삑

234. 자동차가 (　　) 하고 떠나갔다.
(L'auto si allontanò facendo (　　)!".
A.부르릉 B.깡충깡충 C.부들부들 D.키득키득 E.컹컹

235. 시원한 바람이 (　　) 불어왔다.
(Una brezza fresca soffiava (　　) nell'aria).
A.살랑살랑 B.후르륵 C.삐용삐용 D.따르릉 E.우당탕

236. 진우가 미끄러운 바닥에서 (　　) 넘어졌다.
(Jinwoo è caduto su una strada scivolosa, con un suono (　　).
A.퐈당 B.보글보글 C.맴맴 D.후다닥 E.느릿느릿

237. 갓난 아기가 (　　) 기어간다.
(Il neonato gattona (　　).
A.부들부들 B.깡충깡충 C.엉금엉금 D.화라락 E.가물가물

238. 방울을 (   ) 흔듭니다.
(La campanella (   ) mentre oscilla).
A.딸랑딸랑 B.키득키득 C.엉금엉금 D.깡총깡총 E.탁탁

239. 고양이가 (   ) 소리를 냅니다.
(Il gatto fa dei suoni tipo (   )).
A.쌩쌩 B.툭툭 C.컹컹 D.삐요 E.야옹

240. 감기에 걸려 (   ) 기침을 했다.
(Preso dal raffreddore, ho tossito con un suono (   )).
A.토닥토닥 B.콜록콜록 C.보글보글 D.드르륵 E.쾅쾅

241. 발자국 소리가 나지 않게 (   ) 걸었다.
(Ho camminato (   ) per evitare di fare rumore con i passi).
A.살금살금 B.뚜벅뚜벅 C.깡총깡총 D.터벅터벅 E.헐레벌떡

242. 갑자기 졸음이 몰려와서 (   ) 졸았다.
(Improvvisamente, la sonnolenza mi ha travolto, e ho fatto un pisolino con un (   )).
A.주룩주룩 B.꾸벅꾸벅 C.보글보글 D.사뿐사뿐 E.키득키득

243. 전화기가 (   ) 하고 울렸다.
("Il telefono ha squillato con un suono (   )."
A.따르릉 B.맴맴 C.콰르릉 D.휘리릭 E.삐약삐약

244. 병아리가 (   ) 하고 울었다.
(Il pulcino ha fatto (   )).
A.삐약삐약 B.꽥꽥 C.뒤뚱뒤뚱 D.파닥파닥 E.콰당

245. 목이 말라 물을 (   ) 마셨다.
(Con la gola secca, ho bevuto acqua con un suono (   )).
A.살금살금 B.벌컥벌컥 C.쩝쩝 D.쾅쾅 E.휘리릭

246. 토끼가 (   ) 뛰어갑니다.
(Il coniglio salta con un movimento (   )).
A.부들부들 B.쾅쾅 C.깡충깡충 D.펄럭펄럭 E.삐뽀삐뽀

247. 천둥이 (   ) 친다.
(I tuoni rimbombano con un suono (   )).
A.콰르릉 B.와장창 C.쨍그랑 D.우장창 E.달그락

248. 접시를 떨어뜨려 (   ) 하고 깨졌다.
(Ho lasciato cadere il piatto, ed è rotto con un suono (   )).
A.땡그랑 B.딩동 C.쨍그랑 D.통통 E.탕탕

249. 경찰이 (   ) 하고 총을 발사했다.
(La polizia ha sparato un colpo di pistola con un suono (   )).
A.통통 B.쿵쿵 C.탁탁 D.콩콩 E.탕탕

250. 김치찌개가 (   ) 끓기 시작했다.
(La zuppa di kimchi ha cominciato a bollire con un suono (   )).
A.보글보글 B.부글부글 C.하늘하늘 D.이글이글 E.후루룩

251. 세호가 순두부찌개를 (   ) 거리며 먹기 시작했다.
(Seho ha iniziato a mangiare la zuppa di sundubu morbido con un suono (   )).
A.우당탕 B.쩝쩝 C.착착 D.칙칙 E.흔들흔들

252. 아기 돼지가 (   ) 거리며 밥을 달라고 한다.
(Il maialino grugnisce, chiedendo cibo con un suono (   )).
A.음매 B.꽥꽥 C.꿀꿀 D.꼬끼오 E.왕왕

253. 개구리가 (   ) 뜁니다.
(La rana sta saltellando (   )).
A.뚜벅뚜벅 B.콩콩 C.폴짝폴짝 D.부르릉 E.철썩철썩

254. 하늘에 구름이 (   ) 떠다닌다.
(Le nuvole fluttuano nel cielo con un movimento (   )).
A.둥실둥실 B.엉금엉금 C.주룩주룩 D.쓱쓱 E.훨훨

255. 파도가 (   ) 친다.
(Le onde fanno un suono (   ) mentre si infrangono).
A.철썩철썩 B.펄럭펄럭 C.사뿐사뿐 D.둥둥 E.꼬르륵

256. 회전의자를 (   ) 돌린다.
(Sto girando una sedia girevole con movimenti (   )).
A.생글생글 B.빙글빙글 C.너풀너풀 D.하늘하늘 E.똑딱똑딱

257. 봄이 오니 꽃이 (   ) 피었다.
(Con l'arrivo della primavera, i fiori sono sbocciati (   )).
A.철썩 B.활짝 C.쫑긋 D.풍덩 E.휘휘

258. 방에 들어올 때는 (   ) 노크를 해라.
(Quando entri nella stanza, bussa con un suono (   )).
A.탕탕탕 B.톡톡톡 C.똑똑똑 D.콩콩콩 E.쾅쾅쾅

259. 세탁을 했더니 이불이 (   ) 하구나.
(Dopo aver fatto il bucato, il piumone è diventato (   )).
A.쌩쌩 B.통통 C.꽝꽝 D.뽀송뽀송 E.푸석푸석

260. 어린 아이가 넘어져서 (   ) 하고 울었다.
(Il bambino piccolo è caduto e ha pianto con un suono (   )).
A.토닥토닥 B.키득키득 C.하하 D.꺄악 E.으앙

261. 갓난 아이가 (   ) 자고 있다.
(Il neonato sta dormendo (   )).
A.콕콕 B.새근새근 C.두근두근 D.하하 E.냠냠

262. 무서운 영화를 보았더니 심장이 (   ) 뛴다.
(Dopo aver visto un film horror, il mio cuore sta (   )).
A.키득키득 B.쌔액쌔액 C.통통 D.쏙쏙 E.두근두근

263. 하늘의 별들이 (　　) 빛난다.
(Le stelle nel cielo brillano (　　)).
A.따르릉　B.반짝반짝　C.울긋불긋　D.하늘하늘　E.깜빡깜빡

264. 지리산에 단풍이 (　　) 들었다.
(Le foglie autunnali a Jirisan stanno diventando (　　)).
A.울긋불긋　B.토실토실　C.느릿느릿　D.하늘하늘　E.살랑살랑

265. 젊은 여자가 구두를 신고 (　　) 걸었다.
(La giovane donna ha indossato le scarpe e ha camminato con un suono (　　)).
A.토실토실　B.살랑살랑　C.토닥토닥　D.찰칵찰칵　E.또각또각

266. 친구들끼리 함께 모여서 사진을 (　　) 찍었다.
(Gli amici si sono riuniti e hanno scattato foto con un suono (　　)).
A.딩동　B.부들부들　C.들락날락　D.찰칵찰칵　E.사뿐사뿐

267. 화가 나서 몸이 (　　) 떨린다.
(Arrabbiato, il mio corpo sta tremando (　　)).
A.꼬르륵　B.듬성듬성　C.부들부들　D.비틀비틀　E.보글보글

268. 술에 취한 사람이 (　　) 걷는다.
(Una persona ubriaca sta camminando (　　)).
A.나풀나풀　B.지글지글　C.보들보들　D.꼬불꼬불　E.비틀비틀

269. 후라이팬에 삼겹살을 (　　) 구워요.
(Cuocendo la pancetta nella padella, frigge (　　)).
A.들쭉날쭉　B.지글지글　C.휘리릭　D.토실토실　E.후두둑

270. 살찐 토끼 엉덩이가 (　　) 하다.
(Le natiche del coniglio paffuto sono (　　)).
A.토실토실　B.토닥토닥　C.하늘하늘　D.살랑살랑　E.사뿐사뿐

Risposte

231. B
232. E
233. A
234. A
235. A
236. A
237. C
238. A
239. E
240. B
241. A
242. B
243. A
244. A
245. B
246. C
247. A
248. C
249. E
250. A
251. B
252. C
253. C
254. A
255. A
256. B
257. B
258. C
259. D
260. E
261. B
262. E
263. B
264. A
265. E
266. D
267. C
268. E
269. B
270. A

D: Quale degli chef sopra citati ha descritto meglio la propria cucina?

In coreano, gli aggettivi 형용사 sono usati per descrivere un soggetto/oggetto in modo più accurato e vivido. A seconda della parola scelta, il significato di una frase cambia drasticamente.

Gli aggettivi possono essere utilizzati in tre modi.

Descrivere un soggetto

멋진 <u>자동차가</u> 지나갑니다.
Passa un'<u>auto</u> di lusso.

Descrivere un oggetto

선미가 무서운 <u>영화를</u> 봅니다.
Seonmi guarda un <u>film</u> di paura.

Descrivere un predicato

핫도그를 맛있게 <u>먹었다</u>.
Ho <u>mangiato</u> l'hotdog deliziosamente.

Identificate il tipo (descrizione di un soggetto / di un oggetto / di un predicato) delle seguenti frasi.

1. 빨간 드레스가 아름답네요.
Il vestito rosso è bellissimo.

2. 우리는 재밌는 영화를 보았다.
Abbiamo visto un film divertente.

3. 비행기가 빠르게 날아간다.
L'aereo vola veloce.

4. 커다란 곰이 고기를 먹는다.
Un grande orso sta mangiando carne.

5. 기차가 천천히 멈추었다.
Un treno si è fermato lentamente.

6. 엄마가 맛있는 요리를 해주셨다.
La mamma ha preparato un piatto delizioso.

Risposte

1. Subject 2. Object 3. PREDICATO 4. Subject 5. PREDICATO 6. Object

Esercitatevi a scrivere le seguenti frasi e a colorare la parte 형용사 della frase.

하얀 눈사람을 만들어요.

오늘은 늦게 일어났어요.

재밌는 영화가 좋아.

Risposte

하얀. 늦게. 재밌는.

Collegate gli aggettivi di significato opposto.

커다란 ●	● 깨끗한
더러운 ●	● 느리게
빠르게 ●	● 적은
많은 ●	● 빨리
높은 ●	● 작은
천천히 ●	● 낮은

Risposte

커다란 – 작은 / 더러운 – 깨끗한 / 빠르게 – 느리게 / 많은 – 적은 / 높은 – 낮은 / 천천히 – 느리게

Selezionate un 형용사 dall'elenco per completare correttamente le seguenti frasi.

똑똑한　좁은　시원한
매운　하얗게　가깝게

제 옆으로 와서 [　　] 앉으세요.
La prego di venire accanto a me e di sedersi (　　).

[　　] 철수가 수학 시험에서 A를 받았다.
(　　) Cheol-soo ha preso una A nel test di matematica.

[　　] 골목길을 지나면 저희 집이 나와요.
Dopo aver superato lo (　　) vicolo, vedrete la mia casa.

추운 겨울에 눈이 [　　] 내렸어요.
La neve è scesa (　　) con il freddo.

선풍기에서 [　　] 바람이 불어와요.
Il vento (　　) soffia dal ventilatore.

떡볶이는 정말 [　　] 음식이에요.
Il tteokbokki è un cibo davvero (　　).

Risposte

제 옆으로 와서 가깝게 앉으세요.　똑똑한 철수가 수학 시험에서 A를 받았다.　좁은 골목길을 지나면 저희 집이 나와요.
추운 겨울에 눈이 하얗게 내렸어요.　선풍기에서 시원한 바람이 불어와요.　떡볶이는 정말 매운 음식이에요.

AGGETTIVI
형용사

Domande 271 - 320. Scegliete l'aggettivo più appropriato per completare le frasi seguenti.

271. (   ) 커피를 마시니 몸이 따뜻해졌다.
(Mi sento caldo quando bevo il caffè (   )).
A.따뜻한 B.예쁜 C.잘생긴 D.미운 E.커다란

272. 독수리가 (   ) 날개를 흔듭니다.
(Un'aquila (   ) agita le ali).
A.귀여운 B.커다란 C.매콤한 D.달콤한 E.복잡한

273. 페르시안 카페트는 (   ) 문양이 특징이다.
(Un disegno (   ) è la caratteristica distintiva del tappeto persiano).
A.순수한 B.홀가분한 C.복잡한 D.상냥한 E.힘센

274. 자동차가 (   ) 떠나갔다.
(L'auto si allontanò (   )).
A.재밌게 B.신나게 C.기분좋게 D.달콤하게 E.빠르게

275. 요리가 정말 (   ) 만들어졌다.
(La cucina è stata preparata (   )).
A.맛있게 B.무섭게 C.친절하게 D.즐겁게 E.슬프게

276. 우리는 (   ) 영화를 봐서 기분이 좋았다.
(Abbiamo guardato un film (   ) e questo ci ha fatto sentire bene).
A.뜨거운 B.매운 C.재밌는 D.작은 E.빠른

277. (   ) 하늘에는 구름이 한 점 없구나.
(Un cielo (   ) non ha nemmeno una nuvola).
A.누런 B.빨간 C.파란 D.잘생긴 E.비참한

278. (　　) 장미가 참 아름답구나.
(Una rosa (　　) è davvero bella).
A.달콤한 B.친한 C.상쾌한 D.빨간 E.네모난

279. (　　) 사탕을 많이 먹으면 이가 썩는다.
(Mangiare caramelle (　　) fa venire la carie).
A.달콤한 B.매콤한 C.즐거운 D.상냥한 E.아픈

280. 당신의 (　　) 배려심에 감사합니다.
(Grazie per la vostra (　　) considerazione).
A.건강한 B.매력적인 C.상냥한 D.허황된 E.빠른

281. 너무 (　　) 선물을 사주셔서 부담스럽네요.
(Mi sento a disagio perché mi hai comprato un regalo troppo (　　)).
A.추운 B.비싼 C.건전한 D.신비로운 E.급한

282. 강아지는 인간의 가장 (　　) 친구다.
(I cani sono gli amici più (　　) degli esseri umani).
A.무서운 B.평범한 C.친한 D.두꺼운 E.높은

283. 백두산은 대한민국에서 가장 (　　) 산입니다.
(Il monte Baekdu è la montagna più (　　) della Corea.
A.따가운 B.부드러운 C.네모난 D.높은 E.부족한

284. 아보카도는 영양이 (　　) 식품입니다.
(L'avocado è un alimento (　　) di nutrimento).
A.풍부한 B.부족한 C.하찮은 D.타고난 E.커다란

285. 우리 할머니는 (　　) 이야기를 많이 알고계신다.
(Mia nonna conosce un sacco di storie (　　)).
A.시끄러운 B.재미난 C.어지러운 D.추운 E.따스한

286. (　　) 거인이 쿵쿵거리며 걸어갑니다.
(Un gigante (　　) avanza, facendo il suono 'clop clop' ad ogni passo.")
A.부족한 B.낮은 C.미안한 D.거대한 E.거룩한

287. 성당은 (　　) 장소이다.
(La chiesa è un luogo (　　)).
A.신성한 B.촘촘한 C.팽팽한 D.깊은 E.신나는

288. 과학으로도 설명하기 힘든 (　　) 현상이다.
(È un fenomeno (　　) difficile da spiegare anche con la scienza).
A.지겨운 B.겁나는 C.진지한 D.신기한 E.평범한

289. 아무 특징도 없는, (　　) 제품입니다.
(È un prodotto (　　) che non ha caratteristiche distinte).
A.특별한 B.평범한 C.특이한 D.유사한 E.희귀한

290. 어린이의 (　　) 눈을 보면 마음이 편해진다.
(Guardare gli occhi (　　) dei bambini mi fa sentire a mio agio).
A.순수한 B.미련한 C.어이없는 D.근심어린 E.매서운

291. 축구는 매우 (　　) 스포츠다.
(Il calcio è uno sport molto (　　)).
A.격렬한 B.반가운 C.철저한 D.똑똑한 E.매콤한

292. 오랜만에 만난 친구의 얼굴에 (　　) 표정이 가득했다.
(Il mio amico, che non vedevo da un po', aveva lo sguardo (　　) pieno sul viso).
A.훌륭한 B.어지러운 C.배고픈 D.반가운 E.시끄러운

293. (　　) 소리에 놀라 잠에서 깼다.
(Mi sono svegliato di soprassalto, per un suono (　　)).
A.맑은 B.부드러운 C.시끄러운 D.자유로운 E.해맑은

294. 겨울에는 (   ) 육개장이 최고야.
(In inverno, lo yukgaejang (   ) è il migliore).
A.얼큰한 B.비릿한 C.어설픈 D.신랄한 E.안전한

295. 위험합니다! 모두 (   ) 곳으로 이동하세요.
(Pericoloso! Spostatevi tutti in un luogo (   )).
A.안전한 B.위험한 C.가까운 D.따뜻한 E.추운

296. (   ) 자세로 오래 앉았더니 허리가 아프다.
(Mi fa male la schiena dopo essere stato seduto a lungo in una posizione (   )).
A.유연한 B.부드러운 C.불편한 D.괜찮은 E.빈번한

297. (   ) 사막은 비가 내리지 않아 끔찍한 모습이었다.
(Il deserto (   ) aveva un aspetto orribile a causa della mancanza di pioggia).
A.매마른 B.질긴 C.쫄깃한 D.부드러운 E.추운

298. 어린이들의 (   ) 미소를 보면 행복해진다.
(Guardare il sorriso (   ) dei bambini mi rende felice).
A.방탕한 B.경직된 C.착잡한 D.두려운 E.해맑은

299. 로봇는 (   ) 움직임이 특징이다.
I movimenti (   ) sono una caratteristica distinta dei robot).
A.나태한 B.즐거운 C.현명한 D.날카로운 E.경직된

300. 수미와 현수는 색깔이 (   ) 옷을 입었다.
(Sumi e Hyeonsu indossavano abiti di colore (   )).
A.거칠은 B.똑똑한 C.비슷한 D.가파른 E.높은

301. (   ) 포도가 참 맛있겠다.
(L'uva (   ) sembra davvero gustosa).
A.싱싱한 B.생생한 C.미끄러운 D.매운 E.독한

302. 민수는 어제 밤에 (   ) 꿈을 꾸었다.
(Minsu ha fatto un sogno (   ) la scorsa notte).
A.커다란 B.생생한 C.통통한 D.피곤한 E.날카로운

303. 과일을 깎을 때는 (   ) 칼을 조심해라.
(Fate attenzione al coltello (   ) quando sbucciate una mela).
A.느끼한 B.싱싱한 C.좋은 D.날카로운 E.침침한

304. 감옥에서 풀려난 죄수는 (   ) 삶을 살았다.
(Il prigioniero che è stato rilasciato dal carcere ha vissuto una vita (   )).
A.해로운 B.화가난 C.두려운 D.지곤한 E.자유로운

305. 모기와 파리는 인간에게 (   ) 벌레다.
(Le zanzare e le mosche sono parassiti (   ) per l'uomo).
A.의로운 B.이로운 C.해로운 D.미안한 E.유사한

306. 친구들이 모두 떠나간 후, 그는 (   ) 삶을 살았다.
(Dopo che tutti i suoi amici se ne andarono, visse una vita (   )).
A.빠듯한 B.추운 C.외로운 D.의로운 E.이로운

307. 옳은 일을 많이 하는 사람은 (   ) 사람이다.
(Una persona che fa molte cose giuste è una persona (   )).
A.힘찬 B.피곤한 C.연로한 D.괴로운 E.의로운

308. 영화배우가 (   ) 의상을 입고 시상식에 나타났다.
(Un attore cinematografico si è presentato a un evento di premiazione indossando abiti (   )).
A.사악한 B.착한 C.싱싱한 D.희미한 E.화려한

309. 나는 부드러운 고기보다 (   ) 고기가 더 좋다.
(Mi piace di più la carne (   ) che quella morbida).
A.질긴 B.동그란 C.둥그런 D.작은 E.커다란

310. 한국어는 정말 (   ) 언어야!
(Il coreano è una lingua davvero (   ))!
A.따가운 B.어려운 C.희망적인 D.습한 E.매끄러운

311. (　　　) 시민들이 광장으로 모여들어 시위를 시작했다.
I cittadini (　　　) si sono riuniti nella piazza e hanno iniziato a protestare.
A.성난 B.행복한 C.궁금한 D.기괴한 E.어설픈

312. 10시간 동안 비행기를 타는 것은 정말 (　　　) 경험이었다.
(Volare in aereo per 10 ore è stata un'esperienza davvero (　　　)).
A.따가운 B.지루한 C.매서운 D.간지러운 E.취한

313. (　　　) 사람은 살을 빼기 위해서 다이어트를 한다.
(Una persona (　　　) si mette a dieta per perdere grasso).
A.건강한 B.초라한 C.심심한 D.뚱뚱한 E.귀여운

314. (　　　) 사람은 거짓말을 하지 않는다.
(Una persona (　　　) non mente).
A.솔직한 B.유명한 C.무식한 D.유식한 E.유익한

315. 르네상스 시대의 (　　　) 조각상을 보니 감탄이 나온다.
(Guardare le statue (　　　) del periodo rinascimentale mi mette in soggezione).
A.무모한 B.정교한 C.무딘 D.날카로운 E.두터운

316. 아프리카에서 가장 (　　　) 동물은 사자다.
(L'animale più (　　　) dell'Africa è il leone).
A.창백한 B.행복한 C.용맹한 D.미운 E.힘없는

317. (　　　) 빙판길을 지날 때에는 조심히 걸어야 한다.
(Quando si passa su una strada ghiacciata (　　　), è necessario camminare con attenzione).
A.껄끄러운 B.반들반들한 C.미끄러운 D.사나운 E.형편없는

318. 어려운 문제들을 다 풀고 나니, (　　　) 문제들만 남았네.
(Dopo aver risolto tutte le domande difficili, rimangono solo quelle (　　　)).
A.건방진 B.빠듯한 C.헐거운 D.나태한 E.쉬운

319. (   ) 몸매를 유지하려면 살찌는 음식을 먹지 말아야 한다.
(Per mantenere un corpo (   ), non bisogna mangiare cibi che fanno ingrassare).
A.날씬한 B.우스운 C.게으른 D.부지런한 E.희망찬

320. (   ) 표정을 하고 있는 환자들을 보니 마음이 아팠다.
(Dopo aver visto i pazienti con i loro volti (   ), mi sono sentito affranto).
A.괴로운 B.마른 C.우스운 D.가뿐한 E.은근한

Risposte

271. A
272. B
273. C
274. E
275. A
276. C
277. C
278. C
279. A
280. C
281. B
282. C
283. D
284. A
285. B
286. D
287. A
288. D
289. B
290. A
291. A
292. D
293. C
294. A
295. A
296. C
297. A
298. E
299. E
300. C
301. A
302. B
303. D
304. E
305. C
306. C
307. E
308. E
309. A
310. B
311. A
312. B
313. D
314. A
315. B
316. C
317. C
318. E
319. A
320. A

D: Chi si è presentato usando 존대말?

1) 제니 2) 마이클 3) 미효 4) 토니

Risposte : 3) 미효

In coreano, se si parla di una persona anziana, di uno sconosciuto di età approssimativamente uguale o superiore, di un datore di lavoro, di un insegnante, di un cliente e simili, si usano gli onorifici per riflettere la relazione del parlante con il soggetto della frase.

In generale, i 존대말 possono essere realizzati utilizzando
1) nomi onorifici e 2) verbi/predicati onorifici.

Vediamo alcuni esempi comuni.

SOSTANTIVI ONORIFICI

Un modo di usare gli onorifici è quello di utilizzare sostantivi speciali "onorifici" al posto di quelli normali. Un esempio comune è l'uso di 진지 al posto di 밥 per "cibo". Spesso i sostantivi onorifici sono usati per riferirsi ai parenti. Il suffisso onorifico -님 viene apposto a molti termini di parentela per renderli onorifici. Così, è possibile rivolgersi alla propria nonna usando 할머니, ma rivolgersi alla nonna di qualcun altro con 할머님.

VERBI ONORIFICI

Tutti i verbi e gli aggettivi possono essere convertiti in forma onorifica aggiungendo l'infisso -시- o -으시- dopo il gambo e prima della desinenza. Così, 가다 ("andare") diventa 가시다.

Alcuni verbi hanno forme umili suppletive, utilizzate quando il parlante si riferisce a se stesso in situazioni di cortesia. Tra questi vi sono i verbi 리다 e 올리다 per 주다 ("dare"). 드리다 è sostituito da 주다 quando quest'ultimo è usato come verbo ausiliare, mentre 올리다 (letteralmente "alzare") è usato per 주다 nel senso di "offrire".

Forma base del verbo	Forma onorifica del verbo
공부하다	공부합니다
학생이다	학생입니다 / 학생이에요
보아라	보세요
뛰어라	뛰세요

Forma base del verbo	Forma onorifica del verbo
보았니?	보셨나요?
읽었니?	읽으셨나요?
하니?	하십니까?
달리니?	달리십니까?

Forma base del sostantivo	Forma onorifica del sostantivo
집	댁
나이	연세
밥	진지
나	저
아빠	아버지

Select an honorific from the list to complete the following sentences correctly.

> 댁에   께서   드세요
> 드렸다   앉으세요   보셨나요

다리 아프실텐데 여기에 ☐ .
Selezionate un onorifico dall'elenco per completare correttamente le frasi seguenti.

할아버지 ☐ 가서 저녁을 먹고 왔다.
Sono andato a (   ) del nonno e ho cenato.

어머니 ☐ 요리를 해 주셨다.
La mamma ha preparato un pasto (   ).

선생님! 이 영화 ☐ ?
Insegnante! Hai (   ) questo film?

할머니, 국이 뜨거우니 천천히 ☐ .
Nonna, la zuppa è calda, quindi (   ) lentamente.

어머니께 선물을 ☐ .
Ho (   ) un regalo alla mamma.

Risposte

앉으세요.   댁에.   께서.   보셨나요?   드세요.   드렸다.

Collegate le parole normali con le forme onorifiche corrette.

밥	연세
나이	잡수시다
나	여쭙다
먹다	생신
묻다	진지
생일	저

Risposte

밥-진지   나이-연세   나-저   먹다-잡수시다   묻다-여쭙다   생일-생신

ONORIFICI
높임말/존대말

Domande 321 - 340. Scegliete gli onorifici più appropriati per completare le frasi seguenti.

321. 아버지, 점심 (   ) 하셨어요?
(Padre, hai (   ) a pranzo?)
A.까까 B.밥 C.냠냠 D.식사 E.먹기

322. 할아버지, 이쪽에 (   )
(Nonno, per favore (   ) qui).
A.앉아라. B.앉을래? C.앉으세요. D.앉으렴. E.앉아봐.

323. 선생님, 많이 가르쳐 주셔서 (   ).
(Insegnante, (   ) per avermi insegnato molto).
A.감사드린다 B.고맙구나 C.감사합니다 D.고맙네 E.감사해

324. 의사 선생님, 저는 감기에 걸려서 머리가 (   ).
(Dottore, mi (   ) testa perché ho il raffreddore).
A.아픕니다 B.아프네 C.아픈데 D.아프다 E.아프구나

325. 할머니, (   ) 잡수셨어요?
(Nonna, hai mangiato (   )?
A.먹이 B.진지 C.먹을 것 D.밥 E.아침밥

326. 죄송하지만 젓가락 좀 (   )
(Mi scusi, ma potrebbe per favore (   ) le bacchette?).
A.가져와. B.주거라. C.주시겠니? D.주시겠어요? E.내놓을래?

327. 할아버지 (   )에 가서 인사드려야지.
(Dovrei andare a fare visita a dove (   ) mio nonno
A.먹는 곳 B.사는 곳 C.있는 곳 D.집 E.댁

328. 김 선생님께서는 저쪽에 (   )
(Il signor Kim (   ) proprio laggiù).
A.있지. B.있지? C.계십니다. D.있다. E.있습니다.

329. 내가 선생님께 (   ).
(   ) all'insegnante.
A.물어볼게 B.여쭤볼게 C.말할게 D.물을게 E.말해볼게

330. 아버지께 선물을 (   ).
(   ) il regalo a mio padre).
A.줬다 B.줘라 C.드려라 D.건네라 E.주거라

331. 어머니, 용돈 좀 (   )
(Mamma, per favore (   ) una paghetta).
A.주세요. B.줘라. C.줘. D.드려요. E.드려.

332. 선생님, 이 책 읽어 (   )
(Professore, ha (   ) questo libro?)
A.봤나? B.보았어? C.보셨어요? D.봤지? E.봤겠지?

333. 할아버지, 안녕히 (   )
(Nonno, (   ) bene?)
A.잤지요? B.자셨어요? C.잤죠? D.주무셨어요? E.잤어요?

334. 기사 아저씨, 이번 정류장에 (   )
Signor autista, (   ) a questa fermata.
A.내려주세요. B.내려주라. C.내려주렴. D.내려주겠니. E.내린다.

335. 어서들 오셔서 식사 (   )
(Venite tutti in fretta e (   ) un pasto).
A.해 B.하거라 C.하렴 D.하세요 E.하셔라

336. 어르신, 서두르지 마시고 천천히 (   ).
(Signore, non abbia fretta e (   ) lentamente.
A.오세요 B.오렴 C.와요 D.오시렴 E.와라

337. 신사 숙녀 여러분, 모두 자리에서 (   ).
(Signore e signori, per favore (   ) dalla sedia).
A.일어나거라 B.일어나시라 C.일어나십시오 D.일어나시오 E.일어나

338. 할아버지, 하루에 한 번, 식사 후에 (   )
(Nonno, (   ) una volta al giorno, dopo il pasto).
A.먹어라 B.드시라 C.드세요 D.먹으세요 E.드셔라

339. 아버지, 친구랑 비디오 게임을 해도 (   )
(Padre, posso (   ) al videogioco con il mio amico?
A.돼? B.될까? C.될까요? D.되겠지? E.되지?

340. 손님 여러분, 빨리 짐을 (   ).
(Cari ospiti, (   ) i vostri bagagli in fretta.
A.챙기자 B.챙기세요 C.챙기거라 D.챙겨 E.챙겨라

Domande 341 - 400. Correggete la parte sottolineata con gli onorifici usati impropriamente in una forma corretta.

341. 철수가 밥을 <u>드신다</u>.
(Cheol-soo sta mangiando).

342. 선생님! <u>제가</u> 문제를 <u>푸시겠습니다</u>.
(Insegnante! Risolverò il problema).

343. 내가 제일 먼저 집에 <u>오셨다</u>.
(Sono tornato a casa per primo).

344. 내 동생이 열심히 운동을 하고 <u>계시다</u>.
(Il mio fratellino/sorellina si sta allenando duramente).

345. 예쁜 여자 아이가 <u>태어나셨다</u>.
(È nata una bella ragazza).

346. 나는 다리가 아파서 자리에 앉으셨다.
(Mi sono seduto perché mi facevano male le gambe).

347. 할아버지, 내가 해드릴게요.
(Nonno, lo farò io per te).

348. 할아버지에게 선물을 드렸다.
(Ho fatto un regalo al nonno).

349. 선생님의 나에게 숙제를 내주셨다.
(L'insegnante mi ha dato i compiti).

350. 페르시안 카페트는 정교한 문양이 특징이십니다.
(La caratteristica distintiva dei tappeti persiani sono i motivi elaborati).

351. 자동차께서 빠르게 떠나가셨다.
(Un'auto si è allontanata velocemente).

352. 요리가 정말 맛있게 만들어지셨다.
(Il pasto è stato preparato in modo davvero delizioso).

353. 우리는 재밌는 영화를 보셔서 기분께서 좋았다.
(Siamo diventati felici perché abbiamo guardato un film divertente).

354. 따뜻하신 커피를 마시니 몸께서 따뜻해지셨다.
(Dopo aver bevuto un caffè caldo, il mio corpo si è riscaldato.).

355. 독수리가 커다란 날개를 흔드십니다.
(Un'aquila agita le sue grandi ali.)

356. 햄버거와 피자는 패스트푸드이십니다.
(Hamburger e pizza sono cibi veloci).

357. 강아지께서 꼬리를 흔드십니다.
(Un cucciolo scodinzola).

358. 호랑이가 고기를 드십니다.
(Una tigre mangia carne).

359. 무지개에는 일곱 색깔이 <u>있으십니다</u>.
(I colori dell'arcobaleno sono sette).

360. 나는 배가 <u>고프시다</u>.
(Ho fame).

Domande 361 - 370. Trasformate le seguenti frasi nella forma onorifica.

361. 어머니가 나에게 용돈을 주었다.
(Mia madre mi dava la paghetta).

362. 할머니와 할아버지가 밥을 먹는다.
(La nonna e il nonno stanno consumando un pasto).

363. 아버지가 강아지에게 먹이를 준다.
(Il padre dà da mangiare a un cucciolo).

364. 선생님이 나를 칭찬 해줬다.
(L'insegnante mi ha fatto i complimenti).

365. 할아버지가 의자에 앉아있다.
(Il nonno è seduto su una sedia).

366. 삼촌이 나와 놀아줬다.
(Lo zio giocava con me).

367. 내 이름은 박민호다.
(Il mio nome è Park Min Ho).

368. 고모부가 티비를 본다.
(Lo zio sta guardando la televisione).

369. 외삼촌이 농구를 한다.
(Lo zio sta giocando a basket).

370. 이모가 요리를 하고 있다.
(La zia sta cucinando).

Risposte

321. D
322. C
323. C
324. A
325. B
326. D
327. E
328. C
329. B
330. C
331. A
332. C
333. D
334. A
335. D
336. A
337. C
338. C
339. C
340. B
341. 드신다 – 먹는다
342. 푸시겠습니다 – 풀겠습니다
343. 오셨다 – 왔다
344. 계시다 – 있다
345. 태어나셨다 – 태어났다
346. 앉으셨다 – 앉았다
347. 내가 – 제가
348. 할아버지에게 – 할아버지께
349. 선생님이 – 선생님께서
350. 특징이십니다 – 특징이다
351. 자동차께서 – 자동차가, 떠나가셨다 – 떠나갔다
352. 만들어지셨다 – 만들었다
353. 보서서 – 봐서, 기분께서 – 기분이
354. 따뜻하신 – 따뜻한, 몸께서 – 몸이, 따뜻해지셨다 – 따뜻해졌다
355. 흔드습니다 – 흔듭니다
356. 패스트푸드이십니다 – 패스트푸드입니다
357. 강아지께서 – 강아지가, 흔드십니다 – 흔듭니다
358. 드십니다 – 먹습니다
359. 있으십니다 – 있습니다
360. 고프시다 – 고프다
361. 어머니께서 나에게 용돈을 주셨다.
362. 할머니니와 할머니께서 진지를 잡수신다 (식사를 드신다).
363. 아버지께서 강아지에게 먹이를 주신다.
364. 선생님께서 나를 칭찬 해주셨다.
365. 할아버지께서 의자에 앉아계시다.
366. 삼촌께서 나와 놀아주셨다.
367. 제 이름은 박민호입니다.
368. 고모부께서 티비를 보신다.
369. 외삼촌께서 농구를 하신다.
370. 이모께서 요리를 하고 계시다.

PASSATO/PRESENTE/FUTURO
시간의 표현

우리는 내년에 대학생이 _____.

D: Quale dei seguenti elementi dovrebbe essere inserito nello spazio vuoto?

1) 되고있어요 2) 되었어요 3) 될거예요

Risposte : 3) 될거예요

Quando si scrivono le frasi, si può parlare di qualcosa che è già accaduto (passato), che sta accadendo ora (presente) e che sta per accadere (futuro).

Vediamo alcuni esempi comuni e rispondiamo alle seguenti domande.

Come \ Quando	È già accaduto	Sta accadendo ora	Sta per accadere
Modificando la porzione di prediato	Utilizzate ~앗, ~었 con i predicati.	Utilizzate ~고있다 con i predicati.	Utilizzate ~을것이다, ~겟다 con i predicati.
	먹다 -> 먹었다 보다 -> 보았다 읽다 -> 읽었다 놀다 -> 놀았다	먹다 -> 먹고있다 보다 -> 보고있다 읽다 -> 읽고있다 놀다 -> 놀고있다	먹다 -> 먹을것이다 보다 -> 보겠다 읽다 -> 읽을것이다 놀다 -> 놀겠다
Utilizzando Parole Descrivendo Tempo	어제 그저께 작년 지난 주	지금 요즈음	앞으로 다음에 내일 모레 내년

Collegate le frasi seguenti con la forma temporale corretta.

친구와 밥을 먹고 있다. ●

공부를 열심히 했다. ●

                                                ● È già accaduto

학교에 가고 있다. ●

                                                ● Sta accadendo ora

친구와 영화를 볼 것이다. ●

                                                ● Sta per accadere

눈이 많이 내렸다. ●

30분 후에 집에 갈거야. ●

Risposte

È già accaduto - 공부를 열심히 했다.   눈이 많이 내렸다.
Sta accadendo ora - 친구와 밥을 먹고 있다.   학교에 가고 있다.
Sta per accadere - 친구와 영화를 볼 것이다.   30분 후에 집에 갈거야.

Selezionate un'espressione dall'elenco per completare correttamente le frasi seguenti.

> 지금   어제   내일
> 3일 전에   5년 후에   방금

☐ 밤에 친구네 집에서 잤다.
Ho dormito da una mia amica (＿＿) notte.

☐ 읽고 있는 책의 제목이 뭐니?
Come si chiama il libro che sta leggendo (＿＿)?

☐ 아침 9시에는 일어나야 한다.
Devo svegliarmi almeno alle nove (＿＿) mattina.

☐ 막 학교에 도착했어요.
Sono (＿＿) arrivato a scuola.

☐ 우리가 갔던 레스토랑 이름이 뭐였지?
Come si chiamava il ristorante in cui siamo andati (＿＿)?

☐ 나는 어떤 모습일까?
Che aspetto avrei (＿＿)?

Risposte

어제. 지금. 내일. 방금. 3일 전에. 5년 후에.

PASSATO / PRESENTE / FUTURO
시간의 표현

Domande 371 - 390. Scegliete l'espressione più appropriata per completare le frasi seguenti.

371. 동훈아, 내일 뭐 (   )
(Dong-hoon, cosa (   ) domani?)
A.먹고 있어? B.먹었어? C.먹고 있니? D.먹을 거니? E.먹는구나?

372. 어제는 날씨가 매우 (   )
(Ieri faceva molto (   )).
A.춥겠지? B.춥구나. C.추웠다. D.추울 것 같다. E.춥다.

373. 나는 지금 공부를 (   )
(Ora sto (   )).
A.하고 있어. B.했었어. C.했다. D.하고 있었다. E.하자.

374. 내년 겨울에는 하와이로 (   )
(   ) alle Hawaii il prossimo inverno.
A.여행가자. B.여행했어? C.여행하고 있다. D.여행했다. E.여행 중이다.

375. 영희는 지금 학교에 (   )
(Yeong-hee ora (   ) a scuola).
A.갔다. B.갔었다. C.가고 있었다. D.가고 있다. E.갔었지?

376. 어제 먹은 불고기는 정말 (   )
(Il bulgogi che abbiamo mangiato ieri era davvero (   )).
A.맛있었다. B.맛있다. C.맛있겠지? D.맛있겠다. E.맛있지?

377. 내일 1시까지 그 곳으로 (   )
(   ) l'una di domani.
A.갔어. B.갈게. C.가고 있어. D.가고 있습니다. E.갔었다.

378. 3일 전에, 예쁜 강아지 5마리가 (   )
(5 bei cuccioli (   ) 3 giorni fa.
A.태어난다. B.태어납니다. C.태어나셨다. D.태어났다. E.태어나고 있었다.

379. 철수는 지금 배가 너무 고파서 혼자서 밥을 (   )
(Cheol-soo (   ) un pasto da solo perché ha troppa fame).
A.먹습니까? B.먹었을까? C.먹었었습니다. D.먹고 있습니다. E.먹었습니다.

380. 지난 여름은 정말 더웠다. 내년 겨울은 (   )
(L'estate scorsa è stata molto calda. L'inverno dell'anno prossimo (   )
A.추울까? B.추웠다. C.추웠었어? D.추운 중이다. E.추웠지?

381. 어제 본 영화는 정말 (   )
(Il film che abbiamo visto ieri sera è stato davvero (   ).
A.무섭겠지? B.무서울까? C.무섭겠다. D.무섭다. E.무서웠다.

382. 2060년에는 얼마나 멋진 테크놀로지가 (   )
(Che tipo di tecnologia (   ) nell'anno 2060?
A.생길까? B.생겼네. C.생겼었지? D.생겼다. E.생기고 있을까?

383. 내일 우리가 (   ) 장소는 어디인가요?
(Dov'è il luogo in cui ci (   ) domani?
A.만났던 B.만난 C. D.식사 E.만날

384. 저는 커서 과학자가 되고 (   )
(Da grande voglio (   ) uno scienziato).
A.싶습니다. B.싶다. C.싶었다. D.싶을까? E.싶네.

385. 우리 내일은 무엇을 (   )
(Cosa (   ) domani?)
A.한다. B.할까? C.하자. D.하네. E.했지?

386. 내일은 비가 그치고 바람이 많이 (   )
(Domani smetterà di piovere e (   ) molto vento.
A.불었다. B.불고 있다. C.불겠습니다. D.부는 중이다. E.불었었다.

387. 어제는 비가 하루종일 (   )
(Ieri (   ) per tutto il giorno.
A.내릴 예정이다. B.내릴 것이다. C.내린다. D.내렸다. E.내리고 있었다.

388. 내일 저녁에는 맛있는 불고기를 (   )
(Domani sera dovrei (   ) il gustoso bulgogi).
A.먹어야지. B.먹었다. C.먹었지? D.먹었니? E.먹고 있다.

389. 내일부터 열심히 운동을 (   )
(A partire da domani, mi (   ) duramente.
A.했었다. B.했다. C.한다. D.하겠다. E.하고 있다.

390. 5년 전 오늘, 나는 이곳에서 공부를 (   )
(5 anni fa, oggi, ho (   ) qui.
A.하다. B.한다. C.했다. D.하렴. E.하지.

Domande 391 - 400. Scegliete la risposta più appropriata per riempire gli spazi vuoti.

391. A: 내일 아침에 뭐 할 거야? (Che cosa fai domani mattina?)
     B: 일찍 일어나서 공부 (   ) (Svegliarsi presto e (   )

A.했어. B.했었지. C.해야지. D.하고 있어. E.했습니다.

392. A: 축구 경기 벌써 끝났어? (La partita di calcio è già finita?)
     B: 응. 우리나라가 3:1로 (   ) (Sì. Abbiamo (   ) 3:1).

A.이기고 있어. B.이긴다. C.이길거야! D.이겼어. E.이길 것 같아.

393. A: 한국에서 뭐하고 있어? (Cosa ci fai in Corea?)
     B: 교환학생으로 와서 (   ) (Sono venuto come studente di scambio e (   )).

A.공부할 거야. B.공부했어. C.공부하고 있어 D.공부했지. E.공부하고 있었어.

394. A: 너는 생일이 언제야? (Quando è il tuo compleanno?)
    B: 나는 3월 11일에 (   ) (Sono (   ) il 3/11).

A.태어나지. B.태어났어. C.태어날거야. D.태어났어? E.태어나고 있다.

395. A: 크리스마스에 뭐할까? (Cosa fare a Natale?)
    B: 가족과 함께 식사 (   ) (   ) un pasto con la famiglia.

A.했어. B.했었지. C.하려고. D.하고 있지. E.하고 있어.

396. A: 요즘 어떻게 지내고 있니? (Come va in questi giorni?)
    B: 열심히 아르바이트 하면서 (   ) (Ho (   ), lavorato duramente part-time).

A.살고 있어. B.살았지. C.살자. D.살거야. E.살겠어.

397. A: 내년이면 네가 몇 살이지? (Quanti anni avrai l'anno prossimo?).
    B: 저는 23살이 (   ) (Ho (   ) 23 anni.

A.되었다. B.되고 있다. C.됩니다. D.되는 중입니다. E.될 거야.

398. A: 학교에 언제 가니? (A che ora vai a scuola?)
    B: 30분 후에 (   ) (Ci (   ) 30 minuti dopo).

A.가고 있네. B.가고 있어. C.갈 거야 D.가는 중이야. E.갔지.

399. A: 지금 어디쯤이야? (Dove ti trovi ora?)
    B: 강남대로를 방금 전에 막 (   ) (Ho appena (   ) gangnam-daero).

A.지나고 있어. B.지날 거야. C.지났어. D.지나는 중이야. E.지나게 될거야.

400. A: 케이팝 콘서트가 언제지? (Quando c'è il concerto K-pop?)
    B: 케이팝 콘서트는 이미 지난주에 (   ) (Il concerto K-pop si è già (   ) la scorsa settimana).

A.열릴 거야. B.열렸지. C.열릴까? D.열릴 예정이야. E.열린데.

Risposte

371. D
372. C
373. A
374. A
375. D
376. A
377. B
378. D
379. D
380. A
381. E
382. A
383. E
384. A
385. B
386. C
387. D
388. A
389. D
390. C
391. C
392. D
393. C
394. B
395. C
396. A
397. C
398. C
399. A
400. B

VOCABOLARIO
단어공부

Selezionate la parola corretta dall'elenco e scrivetela.

> 우체부   목수   음악가
> 가수   경찰관
> 소방관

(Vigile del fuoco)

(Mailman)

(Poliziotto)

(Carpentiere)

(Musicista)

(Cantante)

과학자 미용사 기술자
의사 이발사
요리사

(Ingegnere)

(Scienziato)

(Medico)

(Parrucchiere)

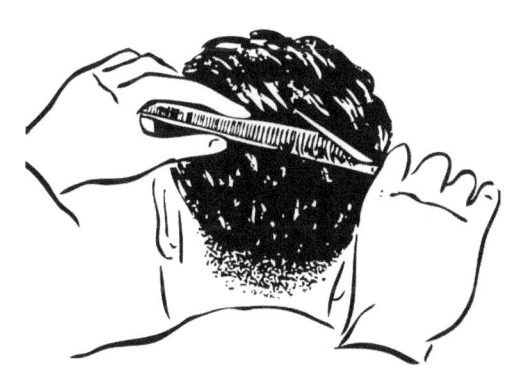
(Barbiere)

(Chef)

머리카락 | 이마 | 가르마 | 눈썹 | 귓볼 | 입술 | 눈
이 | 콧구멍 | 구레나룻 | 턱 | 코 | 보조개 | 귀

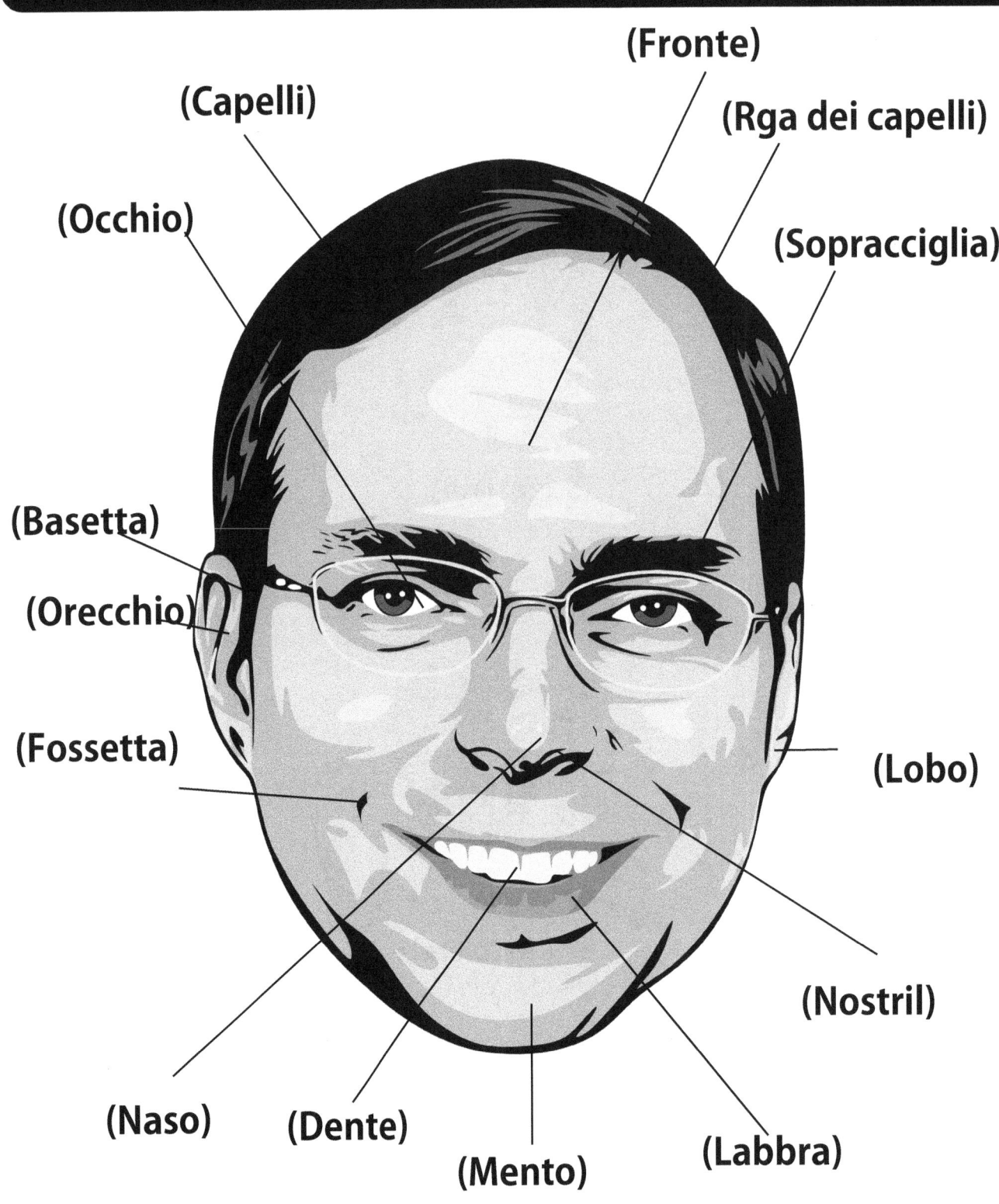

(Fronte)
(Capelli)
(Rga dei capelli)
(Occhio)
(Sopracciglia)
(Basetta)
(Orecchio)
(Fossetta)
(Lobo)
(Nostril)
(Naso) (Dente) (Labbra)
(Mento)

Le seguenti parole sono nascoste nello scramble! Trovatele e cerchiatele.

gang ah ji : cucciolo   ji reum gil : scorciatoia

to yo il : Sabato   jeon hwa gi : telefono

gi reum : olio   adeul : figlio   won soong i : scimmia

강호라산토요일기우효
한아양기아비노름소미
지바지선키놈종큐타혜
름키송전화기구미코아
길아들구리원긴치주만
장하조상원숭이양풍기

Risposte

소방관 (Vigile del fuoco)

우체부(Mailman)

경찰관(Poliziotto)

목수 (Carpentiere)

음악가(Musicista)

가수(Cantante)

기술자(Ingegnere)

과학자 (Scienziato)

의사(Medico)

미용사 (Parrucchiere)

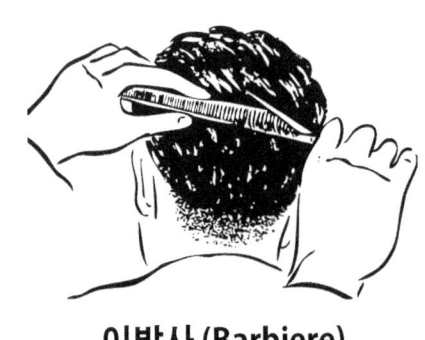
이발사 (Barbiere)

요리사 (Chef)

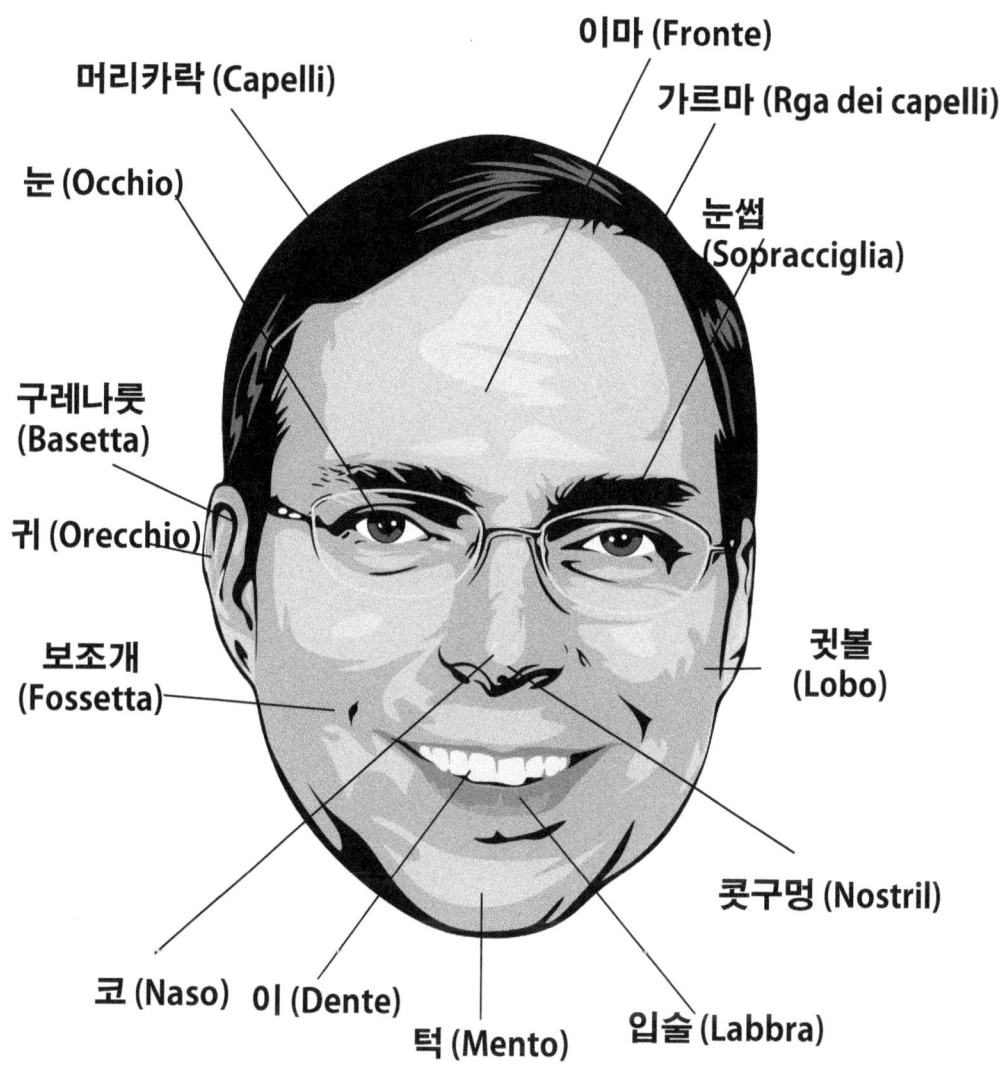

머리카락 (Capelli)
이마 (Fronte)
가르마 (Rga dei capelli)
눈 (Occhio)
눈썹 (Sopracciglia)
구레나룻 (Basetta)
귀 (Orecchio)
귓볼 (Lobo)
보조개 (Fossetta)
콧구멍 (Nostril)
코 (Naso) 이 (Dente)
턱 (Mento) 입술 (Labbra)

강	호	라	산		기	우	효
한	아	양	기	아	비	노	름	소	미
바	지	선	키	놈	종	큐	타	혜
키	송	전	화	기	구	미	코	아
아	들	구	리	원	긴	치	주	만
장	하	조	상	원	숭	이	양	풍	기

ORTOGRAFIA
철자법

Domande 400 - 469. Cerchiate la parola corretta che corrisponde alla definizione.

401.

fermarsi

막다   맑다

402.

come

어떳게   어떻게

403.

sedere

앉다   않다

404.

toccare

닷다   닿다

405.

che

무엇   무얼

406.

leggere

읽다   익다

407.

essere giallo

노랗다   노랏다

408.

maturare

익다   있다

409.

coprire

덮다   덥다

410. basso — 낮은 / 낳은

411. debito — 빚 / 빗

412. non esistere — 없다 / 업다

413. essere giusto — 맞다 / 맡다

414. dimenticare — 잊다 / 있다

415. ghiaccio — 어른 / 얼음

416. capovolgere — 엎다 / 없다

417. fiutare — 맡다 / 맞다

418. luce — 빛 / 빗

419. sogno — 꿈 / 꿀

420. unire — 잇다 / 있다

421. ammucchiare — 쌓다 / 싸다

422.

foglia

잎　입

423.

addizione

추가　추카

424.

serrare

닫다　닿다

425.

prigionièro

갇힌　가친

426.

urgente

급한　그판

427.

estrarre

빼다　배다

428.

onesto

정직한　정지칸

429.

aprire

열다　욜다

430.

congratulazione

축하　추카

431.

alba

해도지　해돋이

432.

carino

엡븐　예쁜

433.

dappertutto

샅샅이　삿사치

107

434. velóce
바른　빠른

435. essere largo
넓다　높다

436. aspirare
찾다　챃다

437. società
회사　홰사

438. faccia
낮　낯

439. diventare
마른　무른

440. ginocchio
무릎　무릅

441. suono
소리　서리

442. essere fino
얇다　얕다

443. riempìre
세우다　채우다

444. stufato in pentola
찌개　찌게

445. pesce
물고기　물꼬기

446. pollo — 닭 / 닥

447. zucchero — 설탕 / 솔탕

448. cucciolo — 강아쥐 / 강아지

449. muro — 벼 / 벽

450. mucca — 소 / 쇠

451. libro — 책 / 첵

452. Kimbap — 김밥 / 김빱

453. cuscino — 베게 / 배개

454. sale — 속음 / 소금

455. arcobaleno — 무지개 / 무지게

456. scala — 계단 / 개단

457. biblioteca — 도서간 / 도서관

109

458. stomaco — 배 / 베

459. granchio — 게 / 개

460. farfalla — 나비 / 납이

461. scrivania — 책상 / 책쌍

462. scuola — 학교 / 하꼬

463. nonna — 할머니 / 할먼이

464. libellula — 잠자리 / 잠잘이

465. capelli — 의자 / 으자

466. Song — 노래 / 노레

467. Pupazzo di neve — 눈사람 / 눈싸람

468. Turtle — 거북이 / 고북이

469. Spoon — 숫가락 / 순가락

Domande 470 - 500. Trovate e correggete le parole sbagliate nelle frasi seguenti.

470. 땀을 많이 흘렸으니까 모꼭을 해야겠다.
(Dovrei fare un bagno perché ho sudato molto).

471. 아거가 큰 입을 벌리고 먹이를 먹고 있다.
(Un coccodrillo mangia il cibo con la grande bocca aperta).

472. 하라버지께 어름물을 갖다 드렸다.
(Ho portato dell'acqua ghiacciata a mio nonno).

473. 제 일음은 김철수입니다.
(Il mio nome è Kim Cheol-su).

474. 노리터에 아이들이 많이 있구나.
(Ci sono molti bambini al parco giochi).

475. 책쌍에 앉아서 김빱을 먹었다.
(Mi sono seduto alla scrivania e ho mangiato il kimbap).

476. 복도에서 뛰다가 너머졌다.
(Sono caduta mentre correvo nel corridoio).

477. 버스 안에서는 손자비를 꼭 잡아요.
(Afferrare saldamente la maniglia quando si è sull'autobus).

478. 강아쥐가 멍멍 짖습니다.
(Il cucciolo sta abbaiando 'bau-bau').

479. 와! 우리가 3:1로 승니했다!.
(Yay! Abbiamo vinto 3-1!)

480. 동물의 반대말은 싱물이다.
(Il contrario di animale è pianta).

481. 손까락에 반지를 꼈다.
(Ho messo un anello al dito).

482. 도서간에 책이 참 만타.
(Ci sono molti libri in biblioteca).

483. 저의 꿈은 대통령이 되는 것 임니다.
(Il mio sogno è diventare Presidente).

484. 밥을 마니 머거서 배가 부르다.
(Ho mangiato molto e sono pieno).

485. 언니랑 옵빠랑 소풍 가야지.
(Dovrei andare a fare un picnic con mia sorella e mio fratello maggiori).

486. 하늘에 구름이 하나도 없이 참 막다.
(Il cielo è limpidissimo, senza una sola nuvola).

487. 운동을 열씨미 하면 건강에 조타.
(Fare esercizio fisico intenso fa bene alla salute).

488. 비누로 손을 깨끄시 씻고 밥을 머거라.
(Lavatevi le mani con il sapone e mangiate).

489. 뭐 잼있는 일 없을까?
(Non c'è niente di divertente (da fare)?).

490. 학교에서는 선셍님 말씀을 잘 드러라.
(Ascoltate bene l'insegnante quando siete a scuola).

491. 피료하신게 있으시면 알려주세요.
(Fatemi sapere se avete bisogno di qualcosa).

492. 저녁 8시에서 10시 사이에 열락주세요.
(Chiamatemi tra le 8 e le 10 di sera).

493. 며칠동안 푹 쉬었더니 감기가 낳았다.
(Il mio raffreddore è scomparso dopo essermi riposato per qualche giorno).

494. 내일부터 일찍 이러나야지.
(Da domani dovrei svegliarmi presto).

495. 자리에 안자서 밥을 머겄다.
(Mi sedetti sul sedile e mangiai).

496. 저는 여덟 살입니다.
(Ho otto anni).

497. 다섯, 여섯, 일곱
(Cinque, sei, sette).

498. 동생이 귀찮게 해서 짜증이 났다.
(Mi sono infastidito perché il mio fratello minore mi dava fastidio).

499. 지갑에 돈이 하나도 없다.
(Non ci sono soldi nel portafoglio).

500. 지갑을 일어버렸어요!
(Ho perso il portafoglio!)

Risposte

401. 막다
402. 어떻게
403. 앉다
404. 닿다
405. 무엇
406. 읽다
407. 노랗다
408. 익다
409. 덮다
410. 낮은
411. 빚
412. 없다
413. 맞다
414. 잊다
415. 얼음
416. 엎다
417. 맡다
418. 빛
419. 꿈
420. 잇다
421. 쌓다
422. 잎
423. 추가
424. 닫다
425. 갇힌
426. 급한
427. 빼다
428. 정직한
429. 열다
430. 축하
431. 해돋이
432. 예쁜
433. 살살이
434. 빠른
435. 넓다
436. 찾다
437. 회사
438. 낮
439. 마른
440. 무릎
441. 소리
442. 얇다
443. 채우다
444. 찌개
445. 물고기
446. 닭
447. 설탕
448. 강아지
449. 벽
450. 소
451. 책
452. **김밥**
453. 베개
454. 소금
455. 무지개
456. 계단
457. 도서관
458. 배
459. 게
460. 나비
461. 책상
462. 학교
463. 할머니
464. 잠자리
465. 의자
466. 노래
467. 눈사람
468. 거북이
469. 숟가락
470. 모욕 – 목욕
471. 아거 – 악어
472. 하라버지 – 할아버지, 어름물 – 얼음물
473. 일음 – 이름
474. 노리터 – 놀이터
475. 책쌍 – 책상, 김빱 – 김밥
476. 너머졌다 – 넘어졌다
477. 손자비 – 손잡이
478. 강아쥐 – 강아지
479. 승니 – 승리
480. 싱물 – 식물
481. 손까락 – 손가락
482. 도서간 – 도서관, 만타 – 많다
483. 임니다 – 입니다
484. 머거서 – 먹어서
485. 옵빠 – 오빠
486. 막다 – 맑다
487. 열씨미 – 열심히, 조타 – 좋다
488. 깨끄시 – 깨끗이, 머거라 – 먹어라
489. 잼있는 – 재밌는
490. 드러라 – 들어라
491. 피료 – 필요
492. 열락 – 연락
493. 낳았다 – 나았다
494. 이러나야지 – 일어나야지
495. 안자서 – 앉아서, 머겄다 – 먹었다
496. 여덜 – 여덟
497. 일곱 – 일곱
498. 귀찬게 – 귀찮게
499. 엎다 – 없다
500. 일어버렸어요 – 잃어버렸어요

COMPRENSIONE DELLA LETTURA
(독해)

Domande 501 - 510. Leggete il brano seguente e rispondete alle domande.

- 오늘은 규호의 생일입니다.
- 규호는 열 살이 되었습니다.
- 점심에는 학교에서 친구들과 햄버거를 먹었습니다.
- 여동생 미나는 규호보다 네살이 어립니다.
- 어머니께서는 규호에게 로보트 장난감을 선물 해 주셨습니다.
- 미나는 카드를 선물로 주었습니다.
- 저녁을 먹고 집에 와서 가족들과 함께 영화를 보았습니다.
- 영화를 보고 강아지 맥스와 함께 놀다가 저녁 열한시에 잠을 잤습니다.
- 참 행복한 하루였습니다.

501. Secondo il brano, oggi è il ( ) di 규호.

A. Compleanno B. Primo giorno di scuola C. Recital D. Compleanno della mamma E. Compleanno del cane

502. Secondo il brano, quanti anni ha 규호?

A. Quattro B. Nove C. Dieci D. Undici E. Venti

503. Secondo il brano, quanti anni ha la sorella di 규호, 미나?

A. Quattro B. Nove C. Dieci D. Undici E. Venti

504. Secondo il brano, cosa ha mangiato 규호 per pranzo?

A.Kimbap   B.Hamburger   C.Hot Dog   D.Zuppa di noodle   E.Pizza

505. Secondo il brano, oggi 규호 ha un animale domestico...

A.Cane   B.Gatto   C.Iguana   D.Pappagallo   E.Preside

506. Secondo il brano, cosa ha ricevuto in regalo la mamma da 규호?

A.Maglietta   B.Mazza da baseball   C.Auto   D.Robot giocattolo   E.Denaro

507. Secondo il brano, cosa ha fatto 규호 dopo cena?

A. Ha fatto il bagno   B.Ha fatto un pisolino   C.Ha giocato al videogioco   D.Ha giocato a calcio   E.Ha guardato un film

508. Secondo il brano, cosa ha ricevuto in regalo 규호 dalla sorella?

A.Carta   B.Portafoglio   C.Anello   D.Scarpe   E.Caramelle

509. Secondo il brano, a che ora 규호 è andato a letto?

A.Quattro   B.Sei   C.Dieci   D.Undici   E.Mezzanotte

510. Secondo il brano, come si sente 규호?

A.Arrabbiato   B.Felice   C.Rifiutato   D.Deluso   E.Triste

Risposte

501.A   502.C   503.B   504.B   505.A   506.D   507.E   508.A   509.D   510.B

Domande 511 - 520. Leggete il brano seguente e rispondete alle domande.

- 수미는 고등학교 2학년 입니다.
- 수미의 반에는 모두 오십이 명의 학생이 있습니다.
- 수미는 수학을 좋아합니다.
- 수미는 공부를 하는 것을 즐기지는 않습니다.
- 수미는 체육도 좋아합니다.
- 수미의 꿈은 수학 박사가 되는 것입니다.
- 학교에서 돌아오면 저녁 일곱 시가 됩니다.
- 가족과 함께 저녁을 먹습니다.
- 그 후에, 한강에 나가서 산책합니다.
- 집으로 돌아와 소설 책을 읽고 잠을 잡니다.

---

511. Secondo il brano, 수미 è un(a)...

A.Studente di scuola superiore B.Studente di scuola media C.Artista D.Pianista E.Casalinga

512. Secondo il brano, quale materia piace di più a 수미?

A.Storia B.Arte C.Inglese D.Chimica E.Matematica

513. Secondo il brano, quanti studenti ci sono nella classe di 수미?

A.Dodici B.Venti C.Trentadue D.Quarantacinque E.Cinquantadue

514. Secondo il brano, a 수미 piace studiare?

A.Sì B.No

515. Secondo il brano, quale materia, oltre alla matematica, piace a 수미?

A.Musica B.Spagnolo C.Coreano D.Chimica E.Educazione fisica

516. Secondo il brano, cosa vuole fare 수미 da grande?

A.Dottore in Matematica B.Ingegnere C.Programmatore informatico D.Giocatore di pallavolo E.Pianista

517. Secondo il brano, a che ora 수미 torna da scuola?

A.Quattro B.Cinque C.Sette D.Otto E.Nove

518. Secondo il brano, con chi cena 수미?

A.Padre B.Amici C.Parenti D.Compagni di classe E.Famiglia

519. Secondo il brano, cosa fa 수미 dopo cena?

A.Fare una passeggiata sul fiume Han B.Riposare C.Dormire D.Praticare la pallavolo E.Guardare un dramma televisivo

520. Secondo il brano, cosa fa 수미 poco prima di andare a letto?

A.Bere birra B.Leggere un romanzo C.Navigare in Internet D.Fare stretching E.Cantare una canzone

Risposte

511.A 512.E 513.E 514.B 515.E 516.A 517.C 518.E 519.A 520.B

Domande 521 - 530. Leggete il brano seguente e rispondete alle domande.

- 시월 구일은 한글날입니다.
- 한글은 조선 시대의 임금인 세종대왕께서 만드셨습니다.
- 한글은 글자입니다.
- 한글이 만들어지기 전에는 중국의 한자를 사용했습니다.
- 한글은 매우 과학적인 글자이고, 배우기가 쉽습니다.
- 더욱 많은 사람이 한글을 공부할 것으로 예상합니다.
- 한글은 자음과 모음으로 구성되어 있습니다.
- 한글의 가장 큰 장점은 소리를 표현하는 글자라는 것입니다.
- 다른 언어의 발음 또한 자유롭게 표현할 수 있습니다.

---

521. Secondo il brano, quando 한글날?

A. 9 aprile B. 9 luglio C. Ogni 9° giorno del mese D. 9 ottobre E. 9 dicembre

522. Secondo il brano, chi ha fatto 한글?

A. Re Gojong B. Re Joseon C. Re Imgum D. Re Sejong E. Regina Sejong

523. Secondo il brano, 한글 è...

A. Caratteri B. Numeri C. Pronunce D. Lingua E. Pittura

524. Secondo il brano, cosa usavano le persone prima che venisse inventata 한글?

A. Caratteri giapponesi B. Caratteri cinesi C. Alfabeto latino D. Caratteri mongoli E. Caratteri ebraiche

525. Secondo il brano, l'autore sostiene che 한글 è...

A. Scientifico B. Romantico C. Complicato D. Unilaterale E. Vietato

526. Secondo il brano, è difficile per gli stranieri imparare 한글.

A. Vero   B. Falso

527. Secondo il brano, l'autore prevede che meno persone studieranno 한글 a causa della sua complessità.

A. Vero   B. Falso

528. Secondo il brano, 한글 è composta da...

A. Nome e verbi B. Vocali e consonanti C. Numeri e lettere D. Sostantivi e predicati E. Suoni e immagini

529. Secondo il brano, il più grande vantaggio della 한글 è che esprime...

A. Suoni B. Significati C. Simboli D. Idee E. Emozioni

530. Secondo il brano, nonostante i numerosi vantaggi, 한글 non è in grado di esprimere le pronunce di altre lingue.

A. Vero   B. Falso

Risposte

521.C   522.D   523.A   524.B   525.A   526.B   527.B   528.B   529.A   530.B

Domande 531 - 540. Leggete il brano seguente e rispondete alle domande.

- 유산소 운동은 건강을 유지하는 데 있어서 매우 효과적인 방법입니다.
- 전문가들은 일주일에 두 번 이상, 이십 분 이상 하는 것이 이상적이라고 말합니다.
- 유산소 운동을 하면 심장 근육이 튼튼해지고 체지방이 줄어듭니다.
- 따라서, 다이어트에도 큰 도움이 됩니다.
- 하지만 무릎이 아픈 사람은 유산소 운동보다는 빨리 걷기가 더욱 좋습니다.
- 규칙적인 유산소 운동과 함께 중요한 것은 균형 잡힌 식단입니다.
- 유산소 운동 후에는 충분한 수분을 섭취하는 것이 중요합니다.

---

531. Secondo il brano, cosa viene presentato come un modo efficace per mantenere la salute?

A.Boxe B.Cross Fit C.Yoga D.Esercizio cardio E.Sollevamento pesi

532. Secondo il brano, gli esperti dicono che è ideale correre almeno quante volte alla settimana?

A.Una volta B.Due volte C.Tre volte D.Quattro volte E.Cinque volte

533. Secondo il brano, gli esperti affermano che è ideale correre per almeno quanto tempo ogni volta che ci si allena?

A.Venti minuti B.Trenta minuti C.Quaranta minuti D.Cinquanta minuti E.Sessanta minuti

534. Secondo il brano, qual è un beneficio dell'esercizio cardio?

A.perdere grasso corporeo B.rafforzare le articolazioni del ginocchio C.migliorare la digestione D.ridurre lo stress E.migliorare la pelle

535. Secondo il brano, fare cardio rafforza quale muscolo?

A.Nucleo B.Gamba C.Braccio D.Schiena E.Cuore

536. Secondo il brano, l'esercizio cardio è benefico per...

A.Dieta B.Studio C.Sonno D.Concentrazione E.Riposo

537. Secondo il brano, chi NON dovrebbe fare esercizi cardio?

A.Persone con ginocchio malato B.Persone con mal di testa C.Persone con malattie cardiache D.Persone con pressione alta E.Persone con diabete

538. Secondo il brano, quale altro esercizio viene suggerito come alternativa per le persone sopra citate?

A.Sollevamento pesi B.Yoga C.Pilates D.Camminata veloce E.Canottaggio

539. Secondo il brano, cos'altro è altrettanto importante dell'esercizio cardio su base regolare?

A.Dieta ben bilanciata B.Poco grasso corporeo C.Bassa pressione sanguigna D.Riposo E.Dormire bene

540. Secondo il brano, cosa si consiglia di fare dopo una sessione di cardio?

A.Fare la doccia B.Fare il bagno C.Bere abbastanza acqua D.Dormire E.Fare stretching

Risposte

531.D 532.B 533.A 534.A 535.E 536.A 537.A 538.D 539.A 540.C

Domande 541 - 550. Leggete il brano seguente e rispondete alle domande.

- 동물에게 가장 힘든 계절은 겨울입니다.
- 추운 날씨에는 굶어 죽는 경우가 많습니다.
- 하지만 어떤 동물들은 한참 동안 먹이를 먹지 않아도 살 수 있습니다.
- 이러한 동물들은 겨울 동안 계속해서 잠을 잡니다.
- 이러한 것을 '겨울잠'이라고 합니다.
- 예를들어, 북극곰은 계속해서 잠을 자면서 에너지 소모를 최소화할 수 있습니다.
- 봄이 오면, 잠에서 깬 북극곰은 다시 활발해집니다.
- 또 다른 동물은 개구리입니다.
- 개구리는 땅속에서 잠을 자면서 추운 겨울을 이겨냅니다.
- 과학자들은 이러한 습성이 진화의 증거라고 말합니다.

541. Secondo il brano, la stagione più difficile per gli animali è...

A.Primavera B.Estate C.Autunno D.Inverno

542. Secondo il brano, in questo periodo gli animali spesso...
A.Morire di freddo B.Morire di fame C.Uccidersi a vicenda D.Non potersi accoppiare E.Contrarre una malattia

543. Secondo il brano, alcuni animali possono resistere durante l'inverno perché possono vivere senza...
A.Cacciare B.Muoversi C.Mangiare D.Accoppiarsi E.Dormire

544. Secondo il brano, cosa fanno questi animali durante l'inverno?

A.Risparmiare energia B.Cacciare C.Migrare D.Riposare E.Dormire

545. Secondo il brano, questo comportamento si chiama...?

A.☐ B.☐☐ C.☐☐ D.☐☐ E.☐☐☐

546. Secondo il brano, questo comportamento li aiuta a superare l'inverno perché...

A.Massimizza il metabolismo B.Minimizza il consumo di energia C.Massimizza l'accumulo di grassi D.Rallenta il sistema immunitario E.Rallenta il sistema digestivo

547. Secondo il brano, quando gli animali tornano ad essere attivi?

A.Primavera B.Estate C.Autunno D.Inverno E.Metà inverno

548. Secondo il brano, l'autore utilizza QUESTO animale come un altro esempio...

A.Tigre B.Cervo C.Serpente a sonagli D.Volpe E.Rana

549. Secondo il brano, il suddetto animale rimane DOVE durante l'inverno?

A.Regione calda B.All'interno di un altro animale C.Nido D.Grotta E.Sotterraneo

550. Secondo il brano, gli scienziati affermano che questo comportamento è la prova di...

A.Lotta o fuga B.Selezione naturale C.Creazione D.Evoluzione E.Rivoluzione

Risposte

541.D   542.B   543.C   544.E   545.E   546.B   547.A   548.E   549.E   550.D

Domande 551 - 560. Leggete il brano seguente e rispondete alle domande.

- 텔레비전을 너무 많이 보는 것은 눈 건강에 좋지 않다.
- 가장 큰 문제는 눈이 건조해지는 것이다.
- 심각해질 경우에는 시력을 잃을 수도 있다고 한다.
- 이러한 문제를 방지하기 위해서는 텔레비전을 한 번에 한 시간 이상 보지 말고, 눈을 충분히 쉬게 해 주는 것을 권장한다.
- 시력은 한번 잃게 되면 회복하기 쉽지 않다.
- 눈을 평소에 꾸준히 관리하는 노력이 필요하다.
- 이와 함께 눈 건강에 좋은 음식을 먹는 것이 도움이 된다고 한다.
- 당근, 블루베리에는 눈 건강에 좋은 영양소가 많아 자주 섭취하는 것이 권장된다.
- 그리고, 시력이 약해진 경우에는 안경을 쓰는 것이 필요하다.

---

551. Secondo il brano, fare troppo questo non fa bene alla salute degli occhi.

A. Leggere B. Guardare la TV C. Fare esercizio D. Dormire E. Cantare

552. Secondo il brano, fare questo può far sì che gli occhi diventino...

A. Secco B. Umido C. Rigido D. Malfunzionante E. Sfocato

553. Secondo il brano, tale condizione potrebbe portare a...

A. Perdita dell'udito B. Muscoli oculari rigidi C. Pupille danneggiate D. Illusione E. Perdita della vista

554. Secondo il brano, per prevenire il problema, si dovrebbe evitare di guardare la TV per più di QUESTO tempo alla volta.

A. Un'ora B. Due ore C. Due ore e trenta minuti D. Quattro ore E. Sei ore

555. Secondo il brano, anche dare QUESTA cura agli occhi è importante...

A.Tempo B.Pressione C.Luce D.Riposo E.Umidità

556. Secondo il brano, la perdita della vista può essere facilmente ripristinata con una cura adeguata.

A.Vero   B.Falso

557. Secondo il brano, quanto spesso bisogna prendersi cura degli occhi?

A.Frequentemente B.Una volta alla settimana C.Una volta all'anno D.Coerentemente E.Ogni tanto

558. Secondo il brano, anche fare QUESTO è importante per la salute degli occhi.

A.Mangiare cibi benefici per la salute degli occhi B.Dormire più di sei ore al giorno C.Fare una passeggiata almeno due volte al giorno D.Fare esercizio fisico regolarmente E.Mantenere una buona igiene

559. Secondo il brano, quali sono alcuni dei cibi buoni per la salute degli occhi?

A.Hamburger di prosciutto B.Riso C.Fragola D.Mirtillo E.Fungo

560. Secondo il brano, l'autore NON suggerisce di indossare occhiali in caso di deterioramento della vista.

A.Vero   B.Falso

Risposte

551.B   552.A   553.E   554.A   555.D   556.B   557.D   558.A   559.D   560.B

Domande 561 - 570. Leggete il brano seguente e rispondete alle domande.

- 운전할 때는 고도의 집중력이 요구된다.
- 특히나 날씨가 좋지 않은 날에는 더욱 조심해야 한다.
- 비가 많이 오거나 눈이 많이 오는 날에는 도로가 미끄럽다.
- 운전자가 조심하는 것이 가장 효과적인 방법이다.
- 전 세계적으로 하루평균 백 명 이상이 교통사고로 사망한다.
- 그중에서도 나이가 많은 운전자들이 일으키는 사고가 가장 많다.
- 이러한 이유에서 일부 국가에서는 팔십 세 이상 운전자들의 운전을 제한하는 계획을 하고 있다.
- 이러한 문제 때문에 많은 자동차 회사들은 자율주행 자동차를 개발하고 있다.
- 미래에는, 사람이 직접 운전하지 않아도 되는 시대가 올 것이다. 나아가, 전기로 움직이는 자동차가 대중화 될 것이다.

561. Secondo il brano, un alto livello di QUESTO è necessario quando si guida.

A.Concentrazione B.Comprensione C.Analisi D.Umorismo E.Pazienza

562. Secondo il brano, durante QUESTO giorno i conducenti devono fare molta attenzione...

A.Maltempo B.Vacanze C.Fine settimana D.Giornata calda E.Giornata fredda

563. Secondo il brano, il motivo per cui sarebbe difficile guidare durante una giornata di maltempo è che la strada è...

A.Congestionato B.Scivoloso C.Caldo D.Irregolare E.Danneggiato

564. Secondo il brano, l'autore suggerisce qual è il modo più efficace per evitare gli incidenti?

A. Nuova tecnologia B. Guidatori più attenti C. Non guidare D. Noleggiare un'auto E. Car Pooling

565. Secondo il brano, quante persone muoiono in media per incidenti stradali?

A. Trenta B. Cinquanta C. Sessanta D. Ottanta E. Cento

566. Secondo il brano, quali sono le maggiori cause di incidenti?

A. Adolescenti B. Anziani C. Guidatori senza patente D. Guidatori donne E. Guidatori uomini

567. Secondo il brano, per il motivo sopra citato, alcuni Paesi stanno cercando di limitare il rilascio delle patenti ai conducenti di età superiore ai...

A. Cinquanta B. Sessanta C. Settanta D. Ottanta E. Novanta

568. Secondo il brano, per il motivo sopra citato, molte case automobilistiche stanno facendo...

A. Veicolo a guida autonoma B. Veicolo premium C. Veicolo premium D. Veicolo a idrogeno E. Veicolo robotico

569. Secondo il brano, CHI sarebbe libero di guidare in futuro?

A. Guidatori ubriachi B. Guidatori donne C. Anziani D. Tutti E. Adolescenti

570. Secondo il brano, COSA sarebbe di grande aiuto per proteggere l'ambiente?

A. Veicolo elettrico B. Bicicletta C. Veicolo più piccolo D. Veicolo a idrogeno E. Motocicletta

Risposte

561.A   562.A   563.B   564.B   565.E   566.B   567.D   568.A   569.D   570.A

Domande 571 - 580. Leggete il brano seguente e rispondete alle domande.

- 한식은 한국인들이 즐겨 먹는 음식을 이르는 말이다.
- 한식의 역사는 수천 년에 달한다.
- 한식은 맛과 영양의 균형을 가장 중요하게 생각한다.
- 외국인들이 가장 좋아하는 대표적인 한식으로는 비빔밥이 있다.
- 비빔밥은 채소, 달걀, 버섯, 불고기 등을 함께 즐길 수 있는 요리다.
- 한식은 숟가락과 젓가락을 사용하여 즐긴다.
- 어른들과 함께 식사할 경우에는 어른이 먼저 식사를 시작하시기를 기다려야 한다.
- 한식은 이제 외국인들도 즐기는 세계적인 요리가 되었다.
- 한식의 미래를 위해서는 유행에 어울리는 새로운 레시피가 필요하다.
- 한식을 즐기는 젊은이들의 비율이 많이 줄어들고 있기 때문이다.

---

571. Secondo il brano, i cibi che i coreani apprezzano si chiamano...

A.Bap B.Hansik C.Achim D.Bibimbap E.Dimsum

572. Secondo il brano, quanto è lunga la sua storia?

A.Diecimila anni B.Migliaia di anni C.Mille anni D.Cinquecento anni E.Cento anni

573. Secondo il brano, l'aspetto più importante dell'Hansik è l'equilibrio tra?

A.Yin e Yang B.Vecchio e Nuovo C.Tradizione e Tendenza D.Prezzo e Qualità E.Gusto e Nutrizione

574. Secondo il brano, QUESTO piatto Hansik è il più apprezzato dagli stranieri.

A. Galbi B. Kimbap C. Japchae D. Bulgogi E. Bibimbap

575. Secondo il brano, quale dei seguenti non è un ingrediente del Bibimbap?

A. Funghi B. Uova C. Bulgogi D. Torta di pesce E. Verdure

576. Secondo il brano, l'Hansik si gusta usando...?

A. Solo bacchette B. Cucchiaio e bacchette C. Mano D. Forchetta e bacchette E. Forchetta e cucchiaio

577. Secondo il brano, quando si cena con persone anziane, i giovani devono...

A. Non parlare B. Aspettare che gli anziani inizino a mangiare C. Mangiare con entrambe le mani D. Mangiare meno degli anziani E. Non stabilire un contatto visivo con gli anziani

578. Secondo il brano, l'Hansik viene ora gustato da...?

A. Adolescenti B. Americani e asiatici C. Solo asiatici D. Solo coreani E. Persone di tutto il mondo

579. Secondo il brano, cosa è necessario per il futuro dell'Hansik?

A. Ricette di tendenza B. Ricette tradizionali C. Servizio migliore D. Piatti più sani E. Piatti più piccanti

580. Secondo il brano, la preoccupazione per l'Hansik oggi è che il numero di persone che lo gustano sta diminuendo tra...?

A. Coreani B. Giovani C. Anziani D. Femmine E. Maschi

Risposte

571.B 572.B 573.E 574.E 575.D 576.B 577.B 578.E 579.A 580.B

Domande 581 - 590. Leggete il brano seguente e rispondete alle domande.

- 대한민국의 수도 서울의 역사는 오백 년이 넘습니다.
- 조선 시대에는 한양이라 불렸습니다.
- 서울에는 다섯 개의 왕궁이 있습니다.
- 서울의 인구는 약 천만 명입니다.
- 이는 도쿄와 뉴욕보다도 많은 숫자입니다.
- 서울에 사는 외국인의 숫자는 계속해서 증가하고 있습니다.
- 그래서 세계의 다양한 요리를 즐길 수 있는 식당들이 많습니다.
- 서울은 전통과 현대가 함께있는 도시입니다.
- 오랜 역사와 최신 기술이 자연스럽게 어울립니다.
- 하지만 차가 많아 교통이 복잡한 것은 단점입니다.

---

581. Secondo il brano, quanti anni ha Seul?

A.Oltre 100 anni B.Oltre 200 anni C.Oltre 300 anni D.Oltre 400 anni E.Oltre 500 anni

582. Secondo il brano, Seul si chiamava THIS durante la dinastia Joseon.

A.Saul B.Sung C.Gwanghwamun D.Hyehwa E.Hanyang

583. Secondo il brano, quanti palazzi reali ci sono a Seul?

A.Quattro B.Cinque C.Sei D.Sette E.Dieci

584. Secondo il brano, i palazzi reali sono affollati di...

A. Soldati B. Adolescenti C. Studenti D. Turisti E. Storici

585. Secondo il brano, Seul ha una popolazione vicina a...

A. Un milione B. Cinque milioni C. Dieci milioni D. Un miliardo E. Cinque miliardi

586. Secondo il brano, Seul ha più abitanti di Tokyo ma meno di New York.

A. Vero B. Falso

587. Secondo il brano, il numero di stranieri continua a...

A. Aumentare B. Diminuire C. Rimanere uguale D. Rimanere a un livello costante E. Fluttuare

588. Secondo il brano, ci sono molti di QUESTI che rappresentano culture diverse.

A. Scuole B. Chiese C. Ristoranti D. Musei E. Teatri

589. Secondo il brano, a Seoul ci sono QUESTI che coesistono in armonia.

A. Passato e futuro B. Uomini e donne C. Nord e Sud D. Tradizione e modernità E. Yin e Yang

590. Secondo il brano, un aspetto negativo di Seoul è...

A. Tasso di criminalità B. Congestione del traffico C. Incidenti stradali D. Internet lento E. Alto costo della vita

Risposte

581.E 582.E 583.B 584.D 585.C 586.B 587.A 588.C 589.D 590.B

Domande 591 - 600. Leggete il brano seguente e rispondete alle domande.

- 언어를 공부하는 데 있어서 가장 효과적인 방법은 따라하기다.
- 어린 아기들이 언어를 배우는 과정을 보면 알 수 있다.
- 언어 학자들이 그러한 주장을 하고있다.
- 아기들은 부모가 말하는 것을 똑같이 흉내 내는 방법을 사용한다.
- 이러한 방법을 통해 의사소통하는 방법을 배운다.
- 이와 더불어 표정을 통해 감정을 전달하는 방법도 배운다.
- 어렸을 때 정확한 발음을 가르치는 것이 중요하다.
- 강아지들도 어미 강아지가 짖는 방식을 보고 따라 한다.
- 전 세계에는 약 육천구백개가 넘는 언어가 있다.
- 가장 많은 사람들이 사용하는 언어는 중국어다.

---

591. Secondo il brano, il modo più efficace per imparare una lingua è...?

A.Guardare B.Ascoltare C.Cantare D.Scrivere E.Imitare

592. Secondo il brano, un buon esempio è...?

A.Adolescenti B.Bemelli C.Insegnanti D.Anziani E.Neonati

593. Secondo il brano, chi fa questa affermazione?

A.Insegnanti B.Studenti C.Infermieri D.Scienziati E.Linguisti

594. Secondo il brano, chi imitano i bambini?

A.Genitori B.Insegnanti C.Infermieri D.Medici E.Amici

595. Secondo il brano, attraverso queste pratiche i bambini imparano a...?

A.Bilanciare il corpo B.Camminare C.Comunicare D.Calcolare E.Cantare

596. Secondo il brano, cos'altro imparano a usare i bambini come mezzo di comunicazione?

A.Espressioni facciali B.Moda C.Musica D.Colore E.Suono

597. Secondo il brano, è importante insegnare loro QUESTO quando sono piccoli.

A.Pronuncia corretta B.Gesto C.Espressione facciale D.Contatto visivo E.Capacità di ascolto

598. Secondo il brano, quale animale impara a comunicare imitando la mamma?

A.Coniglietti B.Iguane C.Cuccioli D.Anatroccoli E.Gattini

599. Secondo il brano, quante lingue esistono al mondo?

A.Circa oltre 3.000 B.Circa oltre 4.500 C.Circa oltre 5.200 D.Circa oltre 6.900 E.Esattamente 6.900

600. Secondo il brano, qual è la lingua più parlata al mondo?

A.Spagnolo B.Portoghese C.Cinese D.Inglese E.Russo

Risposte

591.E   592.E   593.E   594.A   595.C   596.A   597.A   598.C   599.D   600.C

www.ingramcontent.com/pod-product-compliance
Lightning Source LLC
LaVergne TN
LVHW081552060526
838201LV00054B/1865